做智
人

TO BE A SAPI

NTIAL FATHER

做智慧父亲

儿童智商情商培养家教随笔

谭旭东 | 著

山东文艺出版社

[序言]

走出家庭教育的误区

这些年,因为从事儿童文学、儿童阅读和语文教育研究,我应邀到很多小学、中学和各地图书馆、阅读机构做关于儿童文学、语文教育和亲子阅读的讲座,接触了很多老师和家长,也了解了很多学校和家庭教育的问题,尤其是对家庭教育、亲子阅读有了很多认识和思考。

作为父亲,我也经常带女儿旅游、玩耍,带她参加社区活动,也常和女儿班上的一些家长交流,再加上对乡村家庭及身边一些城市家庭的观察,我发现,中国很多家庭在教育孩子问题上存在很多问题,尤其是在家庭教育上存在以下三个误区:

一、以"隔代教育"取代"亲子教育"

所谓"隔代教育",就是很多家庭里,年轻的父母一生下孩子,就把孩子交给老人照看。爷爷奶奶和外公外婆老了,不能颐养天年,又成了第三代的抚养人。很多年轻的父母,即使工作不忙碌,也不愿意亲自带孩子,更不愿意在孩子的教育上用心。这种亲子教育的缺席无论在城市,还

做智慧父亲

是在乡村，都很普遍，对孩子的成长是十分不利的。事实上，隔代教育无法取代亲子教育，父母对孩子的影响是爷爷奶奶、外公外婆所不能替代的。首先，爷爷奶奶、外公外婆体力不行，在照看孩子的过程中，会因为过度劳累而损坏身体。其次，爷爷奶奶、外公外婆往往会溺爱孩子，娇惯孩子，让孩子养成一些不良的生活习惯。再者，爷爷奶奶、外公外婆带孩子还有一个不利的因素，就是他们因为体力不行，无法满足孩子运动游戏的需要，所以孩子的户外活动少，身体健康难以得到保证。当然，最不可忽视的是，爷爷奶奶、外公外婆这一代的学历层次、文化水平普遍不高，他们的知识和能力不可能满足今天孩子成长的需要。我了解到一些家庭，孩子很小就近视了，主要原因是父母把孩子交给外婆带，外婆年龄大，没什么力气，不能带孩子常去社区里做游戏，参加户外活动，只好带着孩子坐在沙发上看电视，时间一长，孩子近视了，而且天天离不开电视节目，学习习惯也不好。

二、以"师生关系"取代"亲子关系"

很多年轻的父母，当孩子可以上幼儿园了，他们把孩子送进幼儿园，把所有的教育责任和希望都寄托在幼儿园老师的身上。当孩子上小学了，把孩子送进学校，又把所有的教育责任和希望都寄托给了小学的老师。其实，师生关系无法和亲子关系相比。师生关系再亲密，它只是一种职业关系，不是血肉亲情的关系。一位优秀的讲师德的老师会关心孩子，会尽可能地指导孩子、引领孩子，但他所做的无非是遵守了职业道德和职业准则。老师可以做孩子成长之路上的良师益友，但再好的老师也不能取代父母的角色。孩子上了幼儿园，或者上了小学、中学，家庭教育依然不可放松，父母依然要关注孩子，关心孩子，要了解孩子在学校的学习、交友状况，要尽量辅导孩子的学习，要十分用心帮助孩子发现和解决成长与学习中遇到的问题。

三、物质满足过度，精神陪伴和引领缺失

现在很多家庭，父母在孩子的生活、学习和游玩等各方面都很舍得花钱，但却很少陪伴孩子，尤其是在情感上、精神上引领孩子不够，甚至有一些家长只能满足孩子的物质需要，不愿意和孩子进行精神的沟通，更谈不上引导孩子。在我们周围，有的父母一到周末就会开车带孩子到好的餐馆吃好吃的，去郊区游玩，甚至有的父母常带孩子进一些豪华的会所，孩子要买什么吃的穿的用的，都愿意掏钱。有的父母，只要有三天假日，他们就会带着孩子去东南亚旅游，甚至这个月去济州岛，下个月去普吉岛，今年去美洲，明年去欧洲。但这些家庭里的父母却不愿意陪孩子逛逛书店，有时候才买了几本书，就抱怨书价太高。有些城市里的家庭，家里有各种高档的家具、电器，甚至很多玉石珠宝，却没有一个像样的书房，或者没有几本适合孩子读的好书。其实，一个文明的家庭，一个有教养的家庭，应该是充满书香的，应该是具有很好的亲子氛围的，而且父母和孩子有很好的心灵的沟通。

以上这三个误区，是家庭教育很多问题的根源。尤其是独生子女一代，由于缺乏足够的、科学的、充满温情的家庭教育，出现了很多问题。

比如说，由于隔代教育，有些孩子长大后，身体素质差，心理不健康，也比较自私自利，不善于与人合作。由于长期缺乏亲子教育，很多年轻人对父母没有情感，长大了只习惯索取，成了啃老一族。还有的家庭，因为重物质满足，不在乎孩子的精神需求，孩子不爱读书，也缺乏基本的生活能力，同时，他们只会消费，不会创造，父母成了他们的提款机，如此等等。家庭教育如果不走出这些误区，不重亲子教育，父母不承担起养育和教育孩子的责任，不扮演好孩子心灵成长和精神成长的引导者的角色，那么，新的一代要走向文明和智慧，要变得独立自强富有责任感，是非常难的。

这本《做智慧父亲》收集的是我写过的一些随笔，多是自身的教育实践和一些体会，还有几篇是到小学里与家长的座谈与交流的发言，在《中国教育报》《中国女性》《中国德育》《教师博览》《深圳晚报》和《北京青年报》等十多家权威和有影响的报刊上发表。写它们的时候，我也意在启发同龄的家长们走出家庭教育的误区，关注孩子，启发童心，用爱与责任来呵护童年，引领孩子的成长，从而更好地承担和完成父母的责任和使命。从2003年女儿出生起，我就特别用心地为孩子们创作了童诗、童话、儿童散文、寓言和儿童小说等几十部作品，受到了很多小读者的喜爱。我也关注亲子教育和家庭阅读，已经写了《享受亲子阅读的快乐：1~6岁儿童选书阅读全方略》和《让书香润泽童心：6~12岁孩子爱上阅读全攻略》两部书，因为它们对亲子阅读具有直接的指导作用，也传达了一些关于童书，关于教育的知识，很受家长和小学语文老师好评。

近几年，中央人民广播电台、中央国际广播电台、安徽人民广播电

[序言]　　走出家庭教育的误区

台、武汉人民广播电台和汕头人民广播电台等都多次邀请我做儿童教育和儿童阅读的专题访谈，让更多的人了解了我的一些教育理念，也促使我对儿童教育有了更多的思考。《中国教育报》《图书馆报》和《南方教育时报》等几十家报刊也多次专题或整版发表对我的访谈，介绍我对儿童教育和亲子阅读的一些看法与理念。中国教育电视台也很关注我对儿童阅读、亲子教育的研究，2013年10月对我进行了专访。因此，越来越多的读者、家长和老师对我更为关注。

　　在此，对这些关注我的电台、电视台、报刊及其编辑老师们表示衷心感谢！也希望这本书能得到广大家长的喜爱！

谭旭东

2015年4月

目 录

[序言] 走出家庭教育的误区

[第一辑]
爱是会陪伴也会引领

1. 和女儿一起剪窗花 | 3
2. 拎着红灯笼和女儿散步 | 6
3. 和女儿一起放鱼 | 8
4. 播下种子就会开出美丽的花 | 11
5. 给小麻雀安一个家 | 14
6. 和女儿一起看月亮 | 17
7. 圣诞节美丽的谎言 | 19
8. 雪后和女儿一起喂小鸟 | 22
9. 感受大自然的乐趣 | 25
10. 和女儿一起感受旅行的快乐 | 27

[第二辑]

让家里弥漫浓浓的书香

1. 给女儿买一个书架 | 33
2. 有空就给女儿读读书 | 36
3. 要相信孩子的阅读能力 | 39
4. 别让 iPad 独占孩子的时光 | 42
5. iPad 无法替代亲子阅读 | 45
6. 好爸爸一定要做亲子阅读 | 48
7. 我这样帮助女儿做复习 | 50
8. 以身作则做学习的榜样 | 52
9. 和孩子一起读书吧 | 55
10. 家才是亲子阅读的场所 | 59
11. 读书培养多方面的素养 | 61
12. 给孩子们开书单不能随意 | 63
13. 女儿教我写童话 | 67

[第三辑]

爱也是给孩子自由

1. 让孩子放学自己回家 | 71

目 录

2. 女儿一定要贵养吗 | 74
3. 不把孩子天天关在家里 | 77
4. 孩子一定要进名校吗 | 80
5. 尊重孩子自己的选择 | 83
6. 让女儿养成好习惯 | 87
7. "虎妈"不如爸爸的爱 | 89
8. "坏父母"有时也让孩子爱 | 92
9. 开学第一课:学会忘记 | 95
10. 鼓励孩子独立思考 | 99

[第四辑]

积极发展孩子的兴趣

1. 让女儿去跳芭蕾舞 | 105
2. 鼓励女儿画画 | 107
3. 积极发展女儿的兴趣 | 110
4. 让孩子学自己喜欢的 | 113
5. 支持女儿学习钢琴 | 116
6. 女儿是这样学好作文的 | 119

[第五辑]

引导孩子适应集体生活

1. 不责备女儿胆小 | 125
2. 体操比赛掉了发卡后 | 127
3. 相信孩子是一块玉石 | 129
4. 让女儿和同学玩耍 | 131
5. 让孩子适应自己的角色 | 133
6. 让不让女儿竞选班长 | 136

[第六辑]

做不打骂孩子的父母

1. 给女儿一些奖励 | 141
2. 学会鼓励孩子 | 143
3. 攀比让孩子很受伤 | 146
4. 孩子反感会让你觉得无辜吗 | 149
5. 做不打骂孩子的父亲 | 152
6. 打孩子的父亲是无能的 | 155
7. 给女儿投去关注的目光 | 158
8. 父爱给孩子安全感 | 160

目 录

[第七辑]

倡导宽容有爱的家风

1. 做女儿爱吃的红烧排骨 | 165
2. 给女儿一个充满亲情的家 | 168
3. 给女儿带点小礼物 | 170
4. 让女儿感受你的爱 | 172
5. 知道自己是从哪里来的 | 174
6. 孩子也会"掩耳盗铃" | 177
7. 让我们尊敬孩子 | 179
8. 在公共场所给孩子树立好形象 | 181
9. 别做懒惰的父母 | 184
10. 倡导宽容有爱的家风 | 186
11. 志愿服务让人快乐 | 189
12. 幸福和谐要靠自己 | 194

[第八辑]

写给女儿和她的同龄人

1. 跨进一年级的门槛 | 203
2. 女儿,悄悄告诉你 | 206

3. 钟爱时光 | 208

4. 要有改变自己的能力 | 210

5. 有几个词值得品味 | 213

6. 有书的日子真好 | 216

7. 生活就是一门艺术 | 219

8. 文明人有良好的习惯 | 221

9. 每一个人都像一颗种子 | 223

10. 告诉孩子什么最重要 | 225

11. 送给孩子的八句话 | 230

附录　就儿童文学、亲子阅读答记者问 | 235

附录　谭旭东专心为孩子们写的童书 | 250

[第一辑]

爱是会陪伴也会引领

　　现代的家庭，严格意义上是亲子家庭。亲子家庭是父母和孩子在一起的家庭。传统的家庭，是家族聚会式的家庭，一切以长者的需要为轴心。年轻的父母，在关爱自己的父母的同时，别忘了关爱孩子。爷爷奶奶也要考虑孙子孙女的情感需要和对独立家庭的期待。

1 和女儿一起剪窗花

旭东教育微论

我们得承认,孩子是一面镜子。孩子在成年人身边,成年人以为是自己陪伴了孩子,是自己引领了孩子,其实,孩子也陪伴了成年人,引领了成年人。孩子给成年人单纯的信任,给成年人美好和温情;孩子教会成年人怀着好奇,抱着梦想;孩子告诉成年人,这个世界,有一些无法用金钱和权力换来的快乐和幸福。

孩子的生活热情是值得呵护的,很多家长对孩子的喜好很不以为然,甚至会常常有意无意地打击孩子的生活热情,并伤害孩子的信心。

女儿就是一个特有生活热情的孩子。这里讲一件事,看看我是怎么对待她的,是怎么保护她对事物的热情,满足她的好奇心的。

今年一放寒假,我和爱人商量,还是留在北京过年,既不回我的湖南老家,也不回她的安徽老家了。像我们这样夫妻都是来自外地的北京人,一般到了春节就要面临这样一个难题:要么回妻子的老家,和岳父岳母一家团聚;要么回丈夫的老家,与公公婆婆一起团聚。中国人都讲究一个合

家团圆，谁的父母不希望孩子回家过年呀！不过，这样一来，像我们这样的夫妻就犯难了，要是按照传统的习俗，年年轮流回各自的老家过年，那只要父母都还健在，就永远别想在北京这个家过年了。事实上，北京这个家才是我们真正的家呀！因为我们有了自己的工作，有了三口之家，有了自己的生活，也应该要在自己的家里体验过年的快乐，这也是一种幸福的体验啊！

女儿一听说今年要在北京过年，高兴得拍起手来，说："我们要在北京过年啦！"我对她说："是呀，我们要好好在北京过一次年！你来想一想，我们该怎么过呢？"听我这么一问，女儿很开心。她很认真地点了点头，我想她肯定会好好想办法的，会出一些好主意的。过了两天，我发现，女儿在自己的卧室兼书房里，在做一些手工活。原来，她拿出了彩纸在剪窗花。她没有专门学过，但自己先用铅笔在红纸正中心，画上"福"字和"喜"字，然后尽可能地让它们变成对称图形，再用剪刀细心地剪，没想到她竟然剪出了好几个大大的"福"字和"喜"字。

剪好了"福"字和"喜"字，女儿又剪了一些窗花。有的窗花是圆形的，有的是棱形的，有的是椭圆形的，都挺好看的。平常没有注意，女儿竟然自己琢磨出剪窗花的技巧了。我问她："你是怎么学会剪窗花的呢？"她说："自己琢磨呗！"听她的口气，好像都是她自己平时看电视报道，或者看到我偶尔剪一剪窗花，然后自己就学会了。看来，不能太小看孩子的智商。女儿属于那种看了什么新鲜东西，都愿意自己琢磨、自己尝试的那种孩子。记得刚学绘画时，妻子买了一套绘画书，上面有一幅画的绘画步骤，女儿一看就知道第一步应该怎么画，第二步应该怎么画……她模仿着模仿着，没用几天，就掌握了基本的技法，所以绘画一直非常好。现在的剪纸也是她自己动脑筋，然后自己动手练出来的。不过，女儿说，为了让过年的气氛更浓些，她还要把这些窗花，连同我的一位朋友送给我们家的两个大"福"字，贴在大门和窗户上。

　　于是，女儿又让我和她一起来贴她剪的窗花和朋友送的"福"字。女儿做这件事情的时候非常认真，她拿来透明胶带和剪刀，还搬来了凳子，以便我们来贴窗花。每贴一个，她都要小心看看，是否贴得正，贴得好看。为了把大门的"福"字贴好，她还到隔壁家看看别人家是怎么贴的。看着女儿很认真很快乐地做着这一切，我心里感到特别高兴，觉得这个年过得很有家庭的温馨气氛。

2 拎着红灯笼和女儿散步

童年的经历影响一生，如果孩子经历的是爱和关怀，是成年人世界给予的信任与呵护，这种美好会伴随孩子一生。幸福的种子，是父母用爱播下的。在童年的心田里，爱的种子一旦播下，就会萌发令人惊喜的新芽。

中国已进入老龄化时代。某家春节聚餐，坐了三大圆桌，计38人，其中18岁以下孩子4人。可怜的是，仅有的几个小孩，却被追着问学习成绩。学习成绩不好的孩子本来开开心心的，一问到成绩立即寡言起来。学习成绩不好，被认为没出息。大人们对孩子的伤害总是潜移默化的！

说到过年，再来讲一讲我们家买灯笼的事吧。要过年了，女儿一直对她妈妈说："过年了，我想要一个红灯笼。"女儿很喜欢打灯笼。她上幼儿园时，我就给她买过一个鱼型灯笼，是装电池的，她一推手柄上的按钮，灯就亮了。那时候她蹒跚学步，手里拿着灯笼一摇一晃地走路，真的是很讨人喜欢。北京过年，过去就有家家户户挂红灯笼的习惯，我们住的社区门口，早就挂上了大红灯笼。自家住的这一栋楼门口，也挂着两个大红灯笼呢，所以离大年三十还有好几天，喜庆的气氛已经很浓了。

为了让女儿买到她喜爱的灯笼，我们去过离家比较近的几家大超市，可是那里有各种各样的年货，尤其是各种风味食品，看得人眼花缭乱，但就是没有适合小孩提着玩的小灯笼。离大年三十还有两天，女儿都急了，因为她觉得过年时，小孩子拎着小灯笼是很好玩的，而且她已经计划好了，要在大年三十晚上，提着灯笼，和我们一起到社区的空地上去放烟花。我也有点儿着急，女儿对这次过年有很多期待，我想应该满足她这些小要求。于是，我和爱人决定再出去找一找，于是就去附近的小超市看看，没想到超市门口正有人摆了一个摊儿，卖中国结等各种过年的挂件，还卖小灯笼。我让女儿挑了一个，付了钱，女儿很开心。

那天吃完晚餐，女儿就对我说："我们一起打着灯笼去校园里散散步吧。"于是，我们给小灯笼装上了电池，提着灯笼到校园里去散步了，女儿特开心。看着小灯笼发出的红红的光芒，我也觉得这很有情趣。从校园里散步回来，女儿还让我和她一起在社区里散了一会儿步，女儿拎着灯笼，感到特别开心！

3 和女儿一起放鱼

旭东教育微论

> 对童心世界最具杀伤力的是成年人的霸权主义。成年人总会以爱的名义，把霸权凌驾于孩子的意志之上。很多成年人教育孩子，其实是把自己认可的价值观和人生信条强加给孩子，让孩子按照成年人的理想去生活。其实，孩子最需要的是成年人帮助他去寻找自己的理想生活，而不是去走成年人认可的路。
>
> 孩子还小，他用好奇的目光打量这个世界，他怀着对成年人世界的无比信任，也毫无戒备和毫无提防地接受着成年的教导。成年人的世界应该给他们什么？第一，尽可能满足孩子的好奇心，让孩子亲近大自然，并逐渐理解社会和生活。第二，让孩子懂得成年人的爱，并在成年人的引领下去寻找理想的生活。

五一节放假，有了三天的休息时间。女儿对我说："爸爸，您不是说要带我去玉渊潭看樱花吗？我还想到那里划船呢。"我突然记起，上个月我就给女儿这个承诺了，但今年春天来得晚，北京四月一直比较冷，校园里的花草树木到四月初才开始发芽，玉兰花比以往晚开了半个月，而且这几天，北京气温才刚刚升到二十多度，所以一直没有去玉渊潭的打算，况且五一这一天，爱人已经安排好了，一家人去植物园看郁金香。

五一这天，女儿一大早就起来了，我们八点钟吃过早点就出发去植物园，在那里度过了一个愉快的上午。下午，我就对女儿说："宝贝，爸爸下周带你去玉渊潭公园划船去，今天下午我带你去花鸟市场，买几条鱼来放养到社区里的小湖里吧。"女儿高兴得蹦了起来，立刻就拉着妈妈一起去。

我们住的社区是一个新社区，从它的西门出去，再走两百来米，就有一个小型的花鸟市场，那里就有卖小金鱼、乌龟和其他小动物的，还有一些花草树木。我拉着女儿的手穿过社区，十几分钟就到了小花鸟市场。果然，那里有几个小摊，是专门卖鱼和乌龟的，还卖一些配套的鱼食和各种鱼缸。社区楼与楼之间修了一个弯弯拐拐的小湖，上面架着几座小桥，水面虽然不宽，但沿湖栽上了一些杨柳，点缀了一些花草，也有些风景，所以夏天的太阳一照，就有了点儿江南的韵味。因为刚刚建成，小湖里还没有鱼虾，于是，我决定带女儿一道买些鱼来放养，这样一来，小湖就多了些生机，也可以让女儿多一份乐趣。女儿当然很高兴，决定亲自挑鱼。正好，鱼摊上有一种小红鱼，样子有点儿像草鱼，也有点儿像鲫鱼，女摊主说："这种鱼很皮实的，天冷天热都不怕，很适合放养的。"我问怎么卖的。她说："便宜呢。一块钱四条！"说完，她就拿了一个小盆放在地上。我给女儿买了一个捞小鱼的小网，让她去大水盆里自己捞。一会儿，她就捞了二十条。我对摊主说："能多给几条吗？"她爽快地说："给你多捞两条吧。"于是，女儿又捞了两条。

我把钱给了摊主，她拿来一个塑料袋，把女儿捞的小鱼放在袋子里，用绳子扎好，交给我。我还买了一袋鱼食，又买了一个小玻璃鱼缸。然

后，我们一家手拉手回到了社区。

我和女儿来到了小湖边。我打开塑料袋，女儿小心翼翼地用小鱼网从里面捞出小鱼，一个一个地放到小湖里。刚开始时，小鱼躲在离岸很近的鹅卵石缝里，一动也不动，后来，来了几位小朋友，他们看见我和女儿在放鱼，就叽叽喳喳地跑过来围着看热闹，结果一吵闹，小鱼儿都散开了。等放到第十九条时，前面那些小鱼已经一大半看不见踪影啦。剩下了三条，我对女儿说："我们留下来在家里养着吧。"女儿同意了。

回到家里，我洗了洗玻璃鱼缸，然后加上水，把剩下的三条小红鱼放进去。女儿很高兴，说："家里有鱼啦！"我也很喜欢。小鱼是活跃的生命，它们的到来，让家里多了一些生气，多了一些情趣。傍晚时，女儿用织布机织了一条彩色小毛线毯子，垫在鱼缸底下，小鱼缸变成电视柜上一个很别致的摆设了。

和女儿一起放鱼，是和女儿一起寻找生活的快乐，也是为了让女儿热爱小生命，并热爱大自然。

4 播下种子就会开出美丽的花

> 有人说，儿童是天生的艺术家。这话一点不假。在审美趣味上，孩子是唯美主义者。他们喜爱纯美的大自然，喜爱给太阳、大树、小草、小鸟和蓝天画上最纯真的颜色；他们喜爱给成年人的世界赋予希望和信任。对待唯美主义的童心，成年人世界应该更加纯净，更加富有想象力，更加有理想主义色彩。
>
> 给孩子爱，是成年人的责任和义务。当孩子还小的时候，在他们面前谈论回报、谈论感恩，我认为是一件不体面甚至是令人羞耻的事情。孩子的成长之路才刚刚开始，身体和精神的成长还需要成年人付出恰当且具有引领力的爱，因此成年人要做的是尽心地去关爱孩子，而不是冠冕堂皇地向孩子索取回报。

在北京师范大学攻读博士学位时，我居住在北二环附近的一个社区。那里生活虽然也比较方便，离北师大只有几分钟的路，而且购物环境和交通条件也比较好，但那里楼房紧挤，人口稠密，空气质量也不好。搬到北方工业大学校园里后，生活更方便了，校园里有超市、食堂，而且校园里环境优美，就像花园一样。

我和爱人经常在晚饭后带着女儿一起在校园里散步，一起听听小鸟的

歌唱，一起到花园里奔跑、做游戏。校园的中心有一个毓秀园，里面有草坪、小山包和假山，还有一些松树、杉树、苹果树和石榴树，一年四季都有绿色，到了春天和夏天，里面更是鸟语花香。女儿特别喜欢这个小园子，因此我们经常到这里玩耍。有时候我和女儿丢沙包，有时候女儿和我玩捉迷藏，有时候女儿和她妈妈一道比单脚跳，有时候我们一家人赛跑等等。总之，这个小园子通常是周末我们一家的最好去处。

校园教工宿舍那边有一个小花圃，长了好几簇夜来香和牵牛花，我和女儿去小花园玩耍时，经常路过那里。到了傍晚时，夜来香就会开放，而且散发出温馨的芳香。每一次路过时，我都会和女儿蹲下来，闻一闻花的香味。

去年深秋，牵牛花和夜来香凋谢了，都结了果实，我和女儿一起在那儿采了一些花籽。夜来香的花籽黑黑的，圆圆的，我们采了三十四粒；牵牛花的种子灰灰的，小小的，而且呈方形，我们采了一小把。我们想等到来年春暖花开的时候种下。

过了年，天气很快转暖，到三月初，北京的气候已经温暖可人。我想，该是播种的时候了，于是，让爱人带着女儿去逛了趟商店，买了一个小小的棕色的塑料花盆。回家的路上，爱人和女儿一起在校园里的空地上挖了一些泥土，用塑料袋拎上楼，我和女儿一起给花盆装上土，然后挑了十粒牵牛花的种子和四粒夜来香的种子，埋到土里。我和女儿隔一天浇一次水，没过十天，花盆里一下冒出了十多个小黄芽——牵牛花种子萌发了。又过了几天，这十来个小黄芽都长长了，而且每一个都变绿了，都裂开了两片叶子。

三月底的时候,夜来香的种子也萌发了,花盆里一下子又冒出了三颗大芽。

女儿很高兴,每天从幼儿园回来,都要看看这些小花苗,每一次都会惊讶地说:"花儿要开了,花儿快要开了!"看到女儿高兴的样子,我也觉得非常开心。我告诉她,春天播下的种子,如果不认真护理它们,不给它们合理地施肥、浇水,秋天就不会开出美丽的花朵。

5　给小麻雀安一个家

旭东教育微论

　　教育有三块：家庭教育、社会教育和学校教育。家庭教育，要靠父母的素质，自然也要有家庭的物质条件。父母能否给孩子和谐的有爱的家的氛围，能否给予孩子足够的关怀和正向的引导，是家庭教育成败的关键。家庭教育对幼儿和小学生的培养是很重要的。所谓生命奠基期，其实都和家庭有关。

　　在一次回答记者问时，莫言说："我最后悔的一件事，就是跟着母亲去卖白菜，有意无意地多算了一位买白菜的老人一毛钱。算完钱我就去了学校。当我放学回家时，看到很少流泪的母亲泪流满面。母亲并没有骂我，只是轻轻地说：'儿子，你让娘丢了脸。'"莫言这个故事，告诉我们这些父母：什么是家庭之爱，什么是家庭教育。

　　我家住在学校的后门附近，因为学校里绿化很好，有很多花草树木，像公园一样幽静，因此小鸟很多，尤其是小麻雀和花喜鹊整天都闹喳喳的。

　　我们住的社区绿化面积也很大，楼间距也很宽。在京城这寸土寸金之地，能有如此好的环境，真是万幸了。社区里的小鸟很多，大概也是我们这个社区地处京西之地，紧挨着西山，上风上水，而且高楼大厦相对较少，环境破坏程度也相对较低的缘故吧。

因为社区及周围的松树、杨树、槐树、梧桐树等绿树比较多，所以，我家窗台上每天一大早都有小麻雀飞来。有时候它们好像只是站在护栏上歌唱，梳理羽毛；有时候，感觉它们好像在互相嬉戏、打闹，像一群调皮的孩子。

有一天上午，我和爱人正在客厅喝茶，女儿看见一群小麻雀又飞到护栏上来了。它们蹦来跳去的，很热闹地在窗边唱着歌。女儿说："爸爸，是不是小麻雀肚子饿了，想吃早餐了？"听女儿这么一说，我突然想，既然小麻雀那么喜欢到我们家的窗台上来玩耍，我们可以给小麻雀安一个家呀，至少可以给小麻雀喂一点儿小黄米。

女儿觉得我的想法很好。于是，我和女儿一起去厨房里找来了一个方便面塑料盒，然后用绳子把它系在窗台的护栏外面，里面撒上一些小黄米和一些大米，最后，再在塑料盒边装点一些树枝。

果然不出所料，一群小麻雀又飞来了。它们刚看见这个新鲜玩意时，似乎有些警惕，但很快它们就发现了塑料盒里的小黄米和大米，就争先恐后地跳进去，它们是不会放过这些好吃的食物的。

现在，小麻雀还没有正式在塑料盒里安家，但女儿常常会在里面撒一些小黄米，有时候还会切点儿瓜皮放里面，小麻雀们很喜欢吃呢。女儿对我说："我相信小麻雀会越来越喜欢我们家，会在这里安家的。"

我告诉女儿，动物世界是一个迷人的世界，不要以为动物就是我们的玩物，就是我们在动物园里看到的生命。其实，小鸟和我们人一样，是大自然的一部分，而且小鸟具有生存的智慧，有它的优势和长处，有它生命

的闪光之处，有其生命的价值和尊严。如果，我们爱护小鸟，亲近小鸟，就能感受小鸟的神奇、美妙。

我还告诉女儿，让我们用温和的心来感应每一个活泼的生命，相信它们不但能带给我们自然乐趣，还会启迪我们如何善待别人。

6 和女儿一起看月亮

旭东教育微论

据中国老龄科学研究中心的调查,目前我国帮助子女照顾孩子的老年人比例达66.47%。2岁半以前的儿童,主要由祖父母照顾的占总数的60%~70%,其中有30%的儿童甚至是被放在祖父母家里抚养照顾。3岁以后,大部分儿童上幼儿园,祖父母直接抚养的比例会下降至40%左右。隔代教育取代亲子教育的现状令人担忧。

那个冬天的晚上,吃完晚餐,我本来准备稍微休息一下,就去书房里写作,但当我来到书房时,发现皎洁的月光洒进了房间。我把灯熄灭,哇,月光显得更加明亮了,把整个房间都照得亮亮的,给人一种温馨的感觉。

我把头凑到窗边,拉开窗帘,原来,圆圆的银月就镶嵌在东边的天空上,整个城市都好像在朦胧的意境中。我想,这么好的夜色,应该带女儿去校园散散步,和她一起欣赏明亮的月色。我把自己这一想法对爱人一说,她很赞同,就朝女儿的房间叫道:"宝贝,我们一起去赏月吧!"女儿说:"今天又不是中秋节,为什么要去赏月呀?"我说:"今晚的月色很

做智慧父亲

美,我们一起去感受美好的月光吧。"

于是,女儿和我们尽快穿好棉衣,一起手拉着手到校园里散步去了。我们家买的房子就在学校后门附近的社区里,离学校只有五分钟的路程。因为是周末,北京的学生大部分回家了,校园里很安静。我们走在校园里,走在洒满月光的道路上,虽然没有夏季的林荫,但冬天的夜晚也显得格外清澈、安逸。今晚的月亮好像特别圆,特别清澈,天空也是深蓝深蓝的,给人一种神秘感的同时,也让人的心灵为之安静。在小操场上,因为上空没有遮挡,月光下的世界分外开阔;在楼与楼之间行走,月亮好像一盏银灯,挂在楼与楼的空隙间;在光秃秃的树林里欣赏月亮,发现月亮从斑驳的树影中露出来,显得更诗情画意……我们带着女儿一边散步,一边让女儿从不同的角度来欣赏月色。她不停地惊叫:"啊——啊,爸爸,这样看,月亮好美呀!""啊——啊,妈妈,月亮好像挂在树上了!"从女儿稚嫩的感叹和惊叫中,我知道,女儿的心已经被清澈的月光洗礼了!

以后,只要哪一个夜晚天空清澈,有月亮,有星星,无论是冬天,还是夏天,我就会尽可能地和爱人一起带女儿下楼散步,一起数数星星,看看月亮。

当然,走在夜晚的月光里,我们和女儿不但分享着亲情的温暖,还在体验大自然的美好,感受生活的乐趣。此外,看月亮,也对女儿的视力有好处,利用大自然来保护视力,这也是一件很美妙的事呀!

7 圣诞节美丽的谎言

> 晚上带女儿去了趟超市,买了圣诞树,还买了一些圣诞树上的挂饰。女儿特开心!下午回家,她还给圣诞老人写了一封信,希望圣诞老人送她一个芭比娃娃。我说:"圣诞老人一定会送你芭比娃娃的。"女儿特高兴。童年的生命最爱幻想,也最爱童话。在孩子相信童话的时候,我们为什么不满足她童话般的愿望呢?
>
> 很多人认为社会复杂,生活也很现实,应该让孩子早点儿了解社会,早点儿学做成年人做的事情,说成年人说的话,想成年人想的问题。他们认为这样一来,孩子能够尽早适应社会环境,能够应付残酷的生存竞争。在孩子相信童话的时候,为什么不让他相信童话呢?为什么要过早地剥夺孩子的天真和单纯呢?

圣诞节快到了,我就想,这次一定要给女儿准备一份圣诞礼物,要和爱人一起带女儿去吃一顿她爱吃的西餐。

去年圣诞节,我没有做什么准备,因为我想何必让女儿过西方的节日呢。结果,她节后到学校,听到很多同学和小朋友都说收到了圣诞老人的礼物。而且有的同学说,她爸爸带她去吃比萨了,有的同学说她妈妈带她

去吃日本料理了,还有的同学说爷爷奶奶给她家送来了圣诞树。和女儿玩得最好的格格,也告诉女儿,说圣诞节那天早上一醒来,发现圣诞老人果然给她送来了芭比娃娃。女儿听了可羡慕啦。

这次圣诞节,我想我得给女儿准备一份礼物,让她开心地过一个圣诞节。于是,在圣诞节前一天,我让爱人去礼物店里,买了两个漂亮的芭比娃娃,一个送给李老师,让她平安夜趁格格睡着了,放到她的床头;另一个我和爱人先藏在了家中的柜子里。平安夜,我们一家请李老师带着她女儿格格到我们家里来聚餐,我烧了好几个拿手菜,当然包括我最拿手的红烧排骨。我们还准备了一些小孩子爱吃的糖果、水果等等。女儿和格格玩得很开心,一直玩到了晚上十点多,李老师才带着格格回家。

爱人让女儿冲了个澡,然后哄女儿睡觉。我对女儿说:"圣诞老人会在梦里给你送来礼物的,你好好睡吧。你不快点睡,圣诞老人就不会给你送礼物。"女儿本来还想和我聊天呢,今天她玩得很开心,自然还不太想睡,不过,一听说圣诞老人是在梦里给孩子送礼物,就闭上了眼睛。果然,一会儿就听到了女儿的鼾声。爱人一看女儿睡得正香,就拿出了那个芭比娃娃,轻轻地放到了女儿的床边。

第二天一大早,我早早地起了床,准备烧稀饭,做早点,想让爱人和女儿好好地吃一顿早餐,因为这次圣诞节也正好是周末,一家人可以好好地享受一下家的温暖。我正要给自动锅里加纯净水时,听到了女儿大声地喊叫:"爸爸,爸爸,圣诞老人真的给我送了礼物,而且是我最喜爱的芭比娃娃!"原来女儿一转身,就碰到了芭比娃娃,她睁开眼一看,发现了漂亮的芭比娃娃,惊喜极了!我拍着手,对她说:"圣诞老人真好,真的从烟囱里爬到我们家来给你送礼物啦!"女儿抱着芭比娃娃来到了她妈妈的床边,说:"妈妈,你看,芭比娃娃,圣诞老人给我送的礼物。"爱人也很高兴地说:"哇,太好了,圣诞老人给我的宝贝,送来了礼物,他肯定是觉得你很棒,才给你的。"

早餐后,女儿很高兴地给格格姐姐打了电话,问她是否也收到了圣诞老人的礼物,当格格告诉她也收到了芭比娃娃时,她说:"格格姐姐收到的礼物和我的一模一样呢!"

这个圣诞节女儿特别开心,她不知道这个礼物是怎么来的。我们对她撒了一个善意的谎言,她不知道爸爸妈妈给她准备了芭比娃娃,但女儿感受到了一份童年的快乐,这是值得的,相信她长大了也会理解爸爸妈妈的心意。

8　雪后和女儿一起喂小鸟

今天是农历2013年最后一天，想给家长说几句话：一，家庭教育很重要。在没有学校时，人的成长就靠家庭教育。有了学校，它依然无法替代家庭教育。二，学校教育给孩子基本知识，但孩子的人格精神的培育主要靠父母和阅读。三，孩子是自己生的也是自己养的，孩子有问题，家长要先拷问自己。四，尊敬孩子，激发孩子。

春雨淅淅沥沥，大地滋润，草木生长。给孩子的爱，就像春雨，不喧嚣，不强迫，它细绵、温柔、安静，渐渐地渗进孩子的心田。没有一个孩子不爱爸爸妈妈，不过，这个世界上，有不爱孩子的爸爸和妈妈，有对童心世界漠视的成年人，更有那种假借对孩子的爱而剥夺孩子的权利、快乐和幸福的人。

前几天，北京突然下起了大雪，整个校园里都被白雪覆盖了，草坪都披上了洁白的雪衣，树木都像穿上了臃肿的羽绒衣似的。原来叽叽喳喳的小鸟，突然不见了，校园里除了下课后学生的喧闹声外，再也听不到大自然的声音。大概是小鸟怕冷，都躲到巢里去了吧。

不过，这两天天开始放晴了，风也停了，气温逐渐回升，地里的雪也开始融化了，尤其是屋顶上朝阳的雪，大部分都融化了。小鸟们又飞了出来，在树枝上跳来跳去的，嬉戏打闹，像一个个淘气的孩子。我打开北边的窗子，发现窗边的大槐树上，跳跃着三四只小麻雀，它们活泼可爱的样子，让人看了很喜爱，甚至有一种心疼的感觉。这么小小的生命，在大自然里竟然是那么有生气。它们也让我想起了小时候在南方的生活，那时候，老家的屋前屋后，到处都是小麻雀。记得暑假的时候，正是南方稻子收割的时节，小麻雀可爱吃谷子啦，它们总是一群一群地飞到晒谷场，去吃农民的谷子，所以很多家里都有老人和孩子坐在晒谷场边，拿着长长的竹竿，驱赶小麻雀。我和弟弟小时候就帮过家里赶麻雀，小麻雀很机灵，通常是你赶了这边的，那边又落了好几只，它们很善于和我们打游击战。

但有一天，我们发现村里的小麻雀少了很多，甚至后来我从北京回到老家，都很难听到麻雀的叫声了。我问父亲，他告诉我，现在很多人给稻子喷洒农药，麻雀吃了谷子，都被毒死了。因此，来北京后看到小麻雀，我特别喜欢，好像对这些小生命有了一种异样的亲近。女儿经常到学校的小花园里去给小麻雀喂食。我们在草地上撒一些谷子或小米，就会有一些小麻雀来吃。每次看到小麻雀欢欢喜喜地啄着小米和谷子，心里就特别高兴，好像自己吃了好吃的似的。

现在，那些雪后的小鸟，一定也饿了，冻了几天，一定也需要充足的食物。我决定，等女儿放学回来，就带她去小花园里去撒谷子和小米，让这些喳喳叫的小鸟们快活地吃一顿。

补记：大自然是一个知识宝库，每个人都对大自然充满着好奇，都怀着一种探索的欲望。大自然也是人类的母亲，我们每个人都是来自大自然的，我们的祖先就是大自然怀抱里的一员。因此，今天我们也离不开大自

做智慧父亲

然。没有大自然清澈的河流，没有大自然绿色的森林树木，没有大自然里的飞鸟和走兽，人类的生活是多么的孤单，也是多么的无趣呀！我们要热爱大自然，保护大自然，亲近大自然，大自然会以丰富的馈赠回报我们，大自然也会让我们惊奇且感激不已。

9　感受大自然的乐趣

> 这些天，不但北京，全国多地都处在雾霾之中。雾霾里多含硫化物，对人身体危害极大。这让我想到了给孩子的教育，它应该是什么样子呢？它应该是阳光明媚的天空，是纯净的世界，是美好的生活。如果不能给孩子蓝天、白云、清澈的河流、清脆的鸟鸣和绿色的环境，那我们也应该为此深深愧疚。
>
> 夏天去黔西南采风，那里未经污染的风景和淳朴的民风，就是真正的乡村文化。乡村文化就是与大自然贴得很近，保留着大自然特质的，人与自然和谐相处的文化。其实，真正的乡村文化从本质上和童心世界是相通的。童心世界就是未经污染的山泉，是蓝天白云的世界，是绿色的森林。

第一次看见小松鼠是在北京的紫竹院公园。那天上午，我和爱人在公园里散步，发现一只长尾巴的像老鼠一样的棕黑色的小家伙在栅栏边蹦蹦跳跳，好像在搜寻食物，爱人告诉我说那就是小松鼠。天哪！第一次看小松鼠就像读了一篇童话故事一样新奇。

去年春天，我和女儿去八大处爬山的时候，在一条山沟里，看见了一只棕黄色的小松鼠。它像一位可爱的小朋友，欢迎我们的到来。它在我们

前面的石块上蹦蹦跳跳的,还不时回过头来,用亮闪闪的小眼睛盯着我们,不知道是因为对我们这些行人好奇,还是因为对我们产生了疑惑。女儿惊奇地朝它喊着"小松鼠,小松鼠!"它停下脚步,竖起耳朵,好像在专注地倾听女儿的声音。女儿从它的眼神里感受到了山野里的气息和生命的灵动,她快乐地对我说:"爸爸,有小松鼠,下次我们再来爬山吧!"

今年初秋,堂兄来北京开会,我和女儿带着他去爬香山,沿着东北边的石级,朝香炉峰顶爬。山路又高又陡,我们不得不爬一段就坐在石椅上歇一歇,在半山腰的凳子上休息喝水时,突然发现了一只黑色的小松鼠。它在我们头顶的松树枝上蹦蹦跳跳,然后又沿一根细细的树枝跳到了另一棵松树上。它来来回回地爬着,跳着,上下蹿着,像一个小小的机灵鬼,让我浑身的疲劳瞬间消失。

我和女儿都喜爱小松鼠,它是山野里灵动活泼的生命。我希望每一座山里都有小松鼠这样的小动物,希望每一块绿地都能适合小动物生长、居住,希望每一个小动物都能快乐无忧地生活,希望地球上到处都是绿色的世界,天空永远是蓝色的,水永远是清澈的,每一个生命都有它幸福的处所!

前些日子,我们一家人又去了八大处,在下山的路上,又看见了一只黑黑的可爱的小松鼠。女儿抓起随身带的花生米朝它扔去,没想到小松鼠不但不害怕,反而跳起来咬住了花生米。女儿很开心,她亲身感受到了小松鼠的灵动与可爱,感受到了亲近大自然的乐趣。

10 和女儿一起感受旅行的快乐

> 在教育孩子方面，很多家长太急躁，孩子刚学会说话，就让他们背唐诗宋词。孩子一入幼儿园就要认字、识数，甚至学英语。孩子一上小学，就要写作文，学奥数，考剑桥英语，音乐舞蹈考级……孩子应该享受的童年快乐，差不多都让家长剥夺了。可笑的是，家长还认为自己付出太多，期待着孩子长大后感恩。
>
> 有一位爸爸说："工作太忙，顾不上孩子！"这话一听，站不住脚。第一，你生了孩子，做了父亲，就得陪伴孩子，引导孩子。第二，抚养和教育孩子不只是挣点钱，还应该有关爱。很多人忙碌，但陪伴孩子的时间总是会有的，有时回家晚了，去帮孩子盖个被子，孩子也知道爸爸是爱他的。孩子需要父亲的爱与陪伴。

2014年11月，亚太经合组织会议在北京举行，北京市要放六天假。这是个特殊的假期，而且正是全国别的旅游景点的淡季，因此我和爱人商量，应该好好安排这次假期，带女儿出去旅行一次。去哪里旅行呢？

正好我的朋友一家也想出去旅行，于是，我们商量决定一起自由行去吉隆坡。我让爱人带着女儿和朋友一家一起去了，我则待在家里，一方面把一个出版社催得很急的稿子整理好，另一方面要去新房子的装修现场看看，顺便和装修人员商量一些细节。平常，我的时间看似很自由，但也很紧张，各种活动，包括教学和研究，每一天都安排得比较满，所以新房子装修基本顾不上。正好利用这个假期，我到现场感受一下，和工人们多沟通沟通，也可以使房子装修得更令人满意一些。

在吉隆坡玩了四天，爱人带着女儿乘飞机回来了，她们非常开心。女儿觉得收获很多，也遇到了一些趣事，看到了一些独特的风景。她说，在那里感受到了马来西亚人的素质比较高，很讲文明讲礼貌，而且服务业也很发达。当然，女儿回来还有一个收获，那就是，出门在外学好英语很方便，她决心以后更加努力学习英语，争取下次出国时，就可以与别人简单交流了。

我一直觉得旅行对孩子教育来说，是一种比较好的方式。如果家庭经济条件允许，父母应该尽可能地多带孩子出去旅行，看看外面的世界，探索大自然，了解各地的风土人情，同时也拓宽视野，养成更加乐观豁达的性格。女儿现在读小学六年级了，可以说也是见过世面的，我带她去过很多地旅行。寒假、暑假，只要有机会，我就会带她出门。我们先后去过北戴河，在海滨度假；去过贵州，看黄果树瀑布，看苗族山寨，到黔西南自治州看二十四道拐、马岭河大峡谷、万峰林和双乳峰等风景，领略黔西南苗族和布依族的文化；去过黄山，登天都峰，看黄山松，感受云海和飞瀑等美景，还逛了宏村、西递和屯溪老街等徽文化民居；去过广西，观赏过德天大瀑布和广西其他的山水、人文景点；去过香港等大都市，游过迪士尼乐园……带女儿去旅行，是一种爱的陪伴，当然，也是一种很直观的教育。在旅途中，她在观赏风景的同时，能学到很多知识，了解很多情况，也能感受到爸爸是关心她、爱护她的。

　　记得有几次放假，爱人故意逗女儿，说："你喜欢和爸爸一起过，还是和妈妈一起过？"女儿不说话，她好像很矛盾，看得出来，女儿是很喜欢我带她旅行的。她既喜欢爸爸，也喜欢妈妈，她无法只选择哪一个，因此，面对妈妈的问题就显得很为难。有一次，女儿在作文里写到我带她出去旅行的经历："很喜欢跟着爸爸旅行，和爸爸旅行非常快乐。"在条件允许的情况下，父母一定要多带孩子去旅行。当然，如果家庭经济条件不够，也可以带孩子到离家比较近的周边地区去逛一逛，走一走。旅行有长有短，但陪伴是一种爱的表达。

[第二辑]

让家里弥漫浓浓的书香

　　教育孩子,不是只让孩子学习好。只盯着学习成绩的家长是愚蠢的,孩子心灵的健康比成绩更重要。一个有爱、温和、善于思考也很勤奋的孩子,他(她)一定不会太差。只看孩子成绩,紧逼孩子读死书的家长,只会成为应试教育的帮凶。教育是要有智慧的,并不是你生了孩子,就有资格教育孩子。

第二辑　让家里弥漫浓浓的书香

1　给女儿买一个书架

旭东教育微论

> 一位老师问我：给孩子做了亲子阅读，发现孩子很喜欢，那么下一步该怎么办？我说，下一步，就接着给孩子读书吧。每天坚持给孩子读书，而且最好在固定时间给孩子读书，当然，要注意选择好的读物，先让孩子喜欢，然后再逐渐地实现阅读的多样化，把孩子一步一步引领到纯正纯美的文字世界里。
>
> 暑假来临，有不少朋友请我给孩子开一个暑假阅读书单。我建议家长自己去逛逛书店。如果不逛书店，完全靠别人开书单，那么永远也解决不了孩子阅读的问题，也无法在阅读方面和孩子交流。要指导孩子，引导孩子，一定要熟悉和了解孩子想学习的知识及他们想认识的世界，不然的话，亲子阅读的效果会大打折扣。

新年快到了，我和爱人商量着给女儿准备一份礼物。远在郑州的朋友前几天给我发了短信，说她寄了一个包裹，里面是给我女儿买的新衣服，还有新靴子、新帽子。最近几天，我们也去商店采购了一些精美的食品，都是适合孩子吃的。在区文联工作的朋友还送给我一个金兔子，说这个很吉利，正好放在女儿床边的柜子上。

应该说,穿的吃的足够了,再说,朋友去年给我女儿买的皮大衣和毛衣还没穿呢。因此,新年礼物再给女儿买吃的穿的显然不合适了。我们俩想了想,最后决定,还是给女儿买一个新书架吧。今年女儿又添了好多新书,原来的书架都不够用了,连床边都堆着一堆书。女儿很爱读书,而且我们也有很好的读书条件。我自己编书,写书,而且认识很多编辑,他们经常会送一些好书给我女儿,所以女儿的书架上,有几百册图画书,还有各种童话书、儿歌、童诗和作文书,还有一些儿童刊物。我们给女儿准备的书品种比较丰富,不但有文学书、科普书,还有图画书、作文书,只要对女儿知识面的拓宽有好处,内容精美的,我们都会按照一定的比例给她准备好。所以,女儿的阅读量很大,也养成了读书的好习惯。不用你去要求,去催促,去看着,她就会主动地读书,而且读得很认真。周末或假期有时间,我们还会让她写一些读后感之类的作文,女儿完成得很好。

主意已定,我和爱人就带着女儿去买书架。先是开车去了离家很近的京西建材城,一到那里,发现建材城很多店面都关门了,原来这里很多卖建材卖家具的老板都是外地人,一到过年就回老家了。不过,二楼倒是有不少家具在展销。我们上去看了看,没有合适的。女儿的房间比较大,有二十来平方米,但因为已经有一整套儿童家具摆放着,再摆一个书架还要考虑房间的整体布局,不能让房间显得拥挤。最后,经过综合考虑,反复对比,我们在一家店里相中了一个大概1.5米高的小书架,正好适合放在女儿房间里。于是,我们买下来了。女儿把原先堆放在她书桌下和床上的书都清理好,整整齐齐、分门别类地摆在新书架上了。女儿特高兴,还在最上层摆上了自己喜爱的小金兔,又摆放了自己养的一盆兰花。看到女儿很喜欢书架，我们都很高兴！我对女儿说："爸爸妈妈送给你一个书架当新年礼物，就是希望你好好读书，做个有书卷气的孩子。"女儿点点头，她本来就是个爱书的孩子！

2　有空就给女儿读读书

旭东教育微论

想让孩子爱上读书，就要尽早培养他们的阅读兴趣。亲子阅读，是培养孩子阅读兴趣的好途径，但亲子阅读要坚持不懈，不能很随意。爸爸妈妈要认真给孩子读书，要选择合适的书；读书时要注意观察孩子的反应，并根据孩子的反应来传递恰如其分的信息，调整自己读书的方式和方法。

给女儿读书有很多故事，也使我很受启发。

给女儿读书让我对童书及推广童书有了更多的认识。我在介绍童书的时候，特别喜欢那些能让孩子快乐，还能引起孩子思考的童书。我觉得孩子读童书，一是为了快乐、开心，孩子需要在快乐的时光里成长，需要在笑声中获得知识；二是为了体验和爸爸妈妈在一起的亲密情感，孩子需要爸爸妈妈的爱与呵护，喜欢在爸爸妈妈快乐而舒心的目光里享受生活的情趣。比如，我给两岁的女儿读童书时，不但喜欢挑选绘画精美的图书，而且还喜欢挑选内容有趣的，能让孩子觉得好玩、好笑，且能让她眨巴眼睛想一想的童书。

现在许多家长都很重视儿童的智力开发,特别是有一定经济条件的家长都会想尽办法买一些能够开发孩子智力、启迪孩子思维的图书。女儿两岁多时,我读到了"天天宝宝"玩具书《你猜我是谁》。这套书很有意思,很好玩!里面的内容丰富且给人教益,很适合早期孩子阅读。这套书共有四本,一本是关于天气的,一本是关于安全的,一本是关于动物的,一本是关于植物的。每本都有 28 首谜语儿歌,但都朗朗上口,易于背诵和吟唱。每一首谜语儿歌介绍一种植物、动物、天气现象或是交通安全知识。此外,每一首儿歌都配两幅彩图:一幅是儿歌所描述的对象的完整的形象,一幅是形象的一个部位,还配着相关的英语单词……可以说,这套书是多功能的读本。买一本就相当于买了三本书:一本图画书,一本儿歌,一本英语识字书。我拿了其中一本关于动物的书和我女儿一起来读,她非常喜欢。我指着书里一个图,读着下面的儿歌:

我喜欢冰天雪地,
我住在遥远的北极,
我从来不怕寒冷,
因为我有雪白的毛皮。

然后我指着一幅北极熊图给女儿看,女儿立刻问我:"爸爸,这是什么呀?"我告诉女儿:"这是北极熊。"我又领着女儿背诵这首儿歌,女儿似乎有些理解儿歌所描述的动物是什么了。下次,我单独把北极熊的图指给女儿看,她很快地背诵出前面那首谜语儿歌。当然,像我女儿这样只有两岁的孩子,这

做智慧父亲

本书最好是在家长的帮助下一起阅读。如果是幼儿园大班的孩子,就可以直接让他们一边读儿歌,一边猜谜语了。这套书里有一本是关于天气现象的,我女儿也非常喜欢,好多次吃完早餐,她就拉着我的衣服,说:"爸爸,快点和我一起看太阳和月亮的书呀!"我知道她对这本图文并茂的谜语书感兴趣了,就带着她一起翻看,一起背诵儿歌,一起欣赏其中的图画,还学说一些简单的"sun""moon"之类的英语单词。由于每一首儿歌都押韵,节奏都很明快,女儿诵听的时候,还不时会点头、拍手,有时还会像跳舞一样蹦起来。

我也常领着女儿在社区里玩,和女儿一起滑滑梯,坐跷跷板,玩捉迷藏,女儿特别高兴。每天吃完早餐或晚餐,女儿就对我说:"爸爸,我们一起出去玩吧?我们一起去滑滑梯,坐跷跷板!"待女儿玩累了,我就会对女儿说:"宝贝,我们回家吧,回家吃饭去,回家去看图画书!"女儿就会很快乐地回家。家里有几样东西令女儿爱不释手,一种是音乐童书,一种是像《你猜我是谁》此类的猜谜书,另一种是积木。读童书已经成了女儿的一个习惯,她每天都要读读书,看看画,听我和爱人讲讲童话,诵诵诗歌。现在她会猜不少谜语了,而且还会背诵不少儿歌。我们共同完成着"亲子阅读",我们之间的情感在阅读中越来越亲密。在阅读中,女儿学会了思考,我也学会了思考。

正是因为女儿在幼儿期间就爱上了阅读,所以她上小学后,我不用再催促她,每天一有空闲时间,她就会自觉地拿起图画书、童话书或者其他的科普读物、儿童杂志自己读。有时女儿读完后,她还会和我们交流她的看法、心得,还会把读书的感受写下来。

3 要相信孩子的阅读能力

旭东教育微论

现在城市里出现了很多小胖子，这些小胖子大多爱喝可乐，爱吃肉类食品，且不太爱运动。其实，吃东西要营养均衡，不能让孩子偏食，同时也不能让孩子吃热量过高，但营养成分并不丰富的食品。这和阅读一样，读书不能只强调某一类作品的好处，读书也要杂食，也要尽可能营养均衡。

那天，爱人给女儿布置了一个作业，让她写一篇阅读《青鸟》的感受。女儿答应了，爱人就把她的房门关上了，好让她安安静静地写。

过了半个小时，女儿说写好了，爱人一读，果然不错，才七岁的她竟然能够把《青鸟》这部作品的内容简练地叙述出来，而且还能很流畅很准确地表达自己的情感。没过一会儿，爱人跑到我的书房，拿着女儿的作文本，并翻开《青鸟》的扉页，很生气地对我说："你看你看，你女儿竟然把书上的内容简介抄进了作文！"我拿来一对照，女儿的确采用了其中的话，不过，看得出来，她不是照搬照抄，而是尽量用自己的话来表述相同

的内容。"这很好呀,她能用自己的话来复述简介的内容,也是一种写作能力!再说,女儿才小学一年级呀!"我这样对爱人说。爱人见我说得有理,没有批评女儿,悄悄地回到了自己的房间。

其实,女儿的阅读能力是惊人的,她现在已经能够阅读世界经典名著了,《安徒生童话全集》《林格伦童话》,还有《青鸟》《木偶奇遇记》和《骑鹅旅行记》等都可以一口气读完,而且都能写出读后感。有一次交作文,语文老师一看有400多字,根本不相信是她写的。于是,在一次课堂写话练习时,老师特地站在女儿旁边,看着她写,结果,一个看图写话,女儿写出了一篇400多字的童话。

还有一天,女儿读完了《窗边的小豆豆》,正好也刚刚读了杨红樱的《淘气包马小跳》。爱人问她:"扬子,你读了《窗边的小豆豆》,觉得它和杨红樱的小说比,哪一个好呢?"女儿很干脆地说:"我喜欢《窗边的小豆豆》,不喜欢杨红樱的小说!"爱人感觉惊奇,因为杨红樱的儿童小说在小学校园里很流行,销售得非常好,但女儿却不认可。于是,爱人又问女儿:"为什么?"女儿说:"我觉得杨红樱的小说写的就是我们学校的生活,但《窗边的小豆豆》写的是我想要的学校,我想要的小孩子的生活。"听了女儿的话,我和爱人都很惊讶,没想到女儿能够这样评介《窗边的小豆豆》和杨红樱的作品,我觉得女儿的阅读能力的确提高了很多,难怪她把《爱的教育》读了好几遍呢。

女儿有这样好的读写能力,一是因为家里书多,我们也爱读书,家庭读书氛围浓;二是爱人在女儿一岁时就开始给她读书,而我也经常给她讲话,讲故事,不知不觉,她就认识了很多字。

我一直相信孩子有自己的智慧，她会懂得自我学习、提高，她有好奇心，也有好胜心，同时也有荣誉感。我也相信，每一个孩子都有求真、向善、爱美之心！

4 别让 iPad 独占孩子的时光

电子书将来发展得怎么样，其实大家都很明白。如果孩子正在读小学，你会让你的孩子天天读电子书吗？另外，孩子读电子书，会感觉很慢，而且眼睛容易疲劳。电子书的发展和阅读是相关的。电子书能否取代纸质书而成为阅读的主角，这有待观察。

我结识了几位家长，他们都很有钱，事业很成功，但他们对孩子学习真的是没招。我说：孩子学习，首先要培养好习惯，要合理安排作息时间，坚持多读书，家长可不能溺爱迁就。另外，家里多买点好书，多订几份杂志，有好书看了，孩子考试即使考不到高分，至少不会迷恋网游和电视。

前些日子，我参加北师大基础教育对外合作处举办的一个活动，遇到一位朋友，他送给我一个iPad，拿回家里，爱人和女儿都很开心。我有些纳闷，她们俩怎么会这么开心呢？难道收了人家的礼品就高兴吗？于是，我对爱人说："你们这也太势利了吧。"爱人说："你不是正需要一个iPad吗？至少满足了你'织'微博的需要。"爱人这么一说，我倒有些不好意思了，因为这几个月我差不多成了微博控，每天一有时间就趴在电脑前

"织"微博,浪费了不少时间。而且我还好几次说要买一个iPad,那样玩游戏、"织"微博就方便多了。

不过,家里有了iPad,女儿就整天缠着妈妈要玩游戏。每天放学写完作业后,女儿就想玩一玩,有时候玩到着迷时,我做好了晚餐,请她来吃,她都不愿意放下。爱人看到女儿迷上了iPad里的游戏,怕影响她的学习,就在女儿放学前,把它收了起来,但女儿一回到家里,总是趁妈妈不注意,又找出来玩一阵子。有一天,女儿放学回到家里,不写作业就开始玩游戏了。她妈妈很恼火,于是,就狠狠地批评了女儿一顿。女儿伤心得哭了,说:"你不是也喜欢玩吗?为什么就不准我玩?你太霸道了。"爱人和我觉得女儿说得有道理,就说:"以后要玩可以,但每天只准玩半个小时,而且要在完成作业后。"女儿答应了。

后来的两个星期,女儿每天放学回家,都会先认真地完成老师布置的作业,然后再玩一会儿iPad。爱人有时候也会陪女儿一起玩,除了和她一起分享玩游戏的乐趣,还会让女儿欣赏iPad里面的童话故事,听听里面的一些诗歌朗诵。那一阵儿,我在厨房里烧饭做菜,准备晚餐,女儿的房间里不时传来她们母女俩的笑声。

又过了一阵儿,我突然发现女儿回家后不再玩游戏了,她会邀请邻居家的女孩一起画画、拼图,有时候她们一起给芭比娃娃穿衣服,或者聊天、打羽毛球等等。我问女儿:"宝贝,你怎么不爱玩iPad游戏了?"她说:"电子游戏没有什么,玩多了感觉人都要变傻了!而且我自己和小朋友一起玩更开心。还有,看iPad里的故事,还不如自己看书呢。"听了女儿的话,我一方面感到惊奇,另一方面也觉得我和爱人没有禁止女儿玩电

子游戏是对的。家里有 iPad，要禁止女儿玩它里面的游戏肯定效果不佳，关键是如何引导女儿，让她学会自控，并且学会安排好自己的学习与娱乐。其实，孩子是很聪明的，给她们一些自由发泄情绪的空间，反而会让她们学会自我控制。

这件事也使我想到了女儿吃糖的问题。女儿很喜欢吃糖果，我每次逛超市，都会买一些好吃的糖果给她吃，不过，也告诫她晚上睡觉前一定要刷牙。结果呢，她现在一点儿也不贪吃糖果了，而且牙齿也很健康。现在，女儿的空闲时间，她自己安排得很好，有时候和我们一起散步，有时候去跳芭蕾和健美操，有时候画画、写作文，有时候和邻居家的同龄女孩子一起玩耍，有时候弹古筝……总之，她的课余生活很充实，学习成绩也是班级里拔尖的！

5　iPad 无法替代亲子阅读

旭东教育微论

> 新媒体和手机、ipad等出现后,一些父母不注意它们的负面性,让孩子玩手机、打游戏,长时间看电子屏幕图像,所以戴眼镜的孩子越来越多了。
>
> 现在很多成年人推崇电子阅读,殊不知过度使用电子产品也会潜移默化地影响孩子。况且,在亲子阅读中,阅读电子类产品是无法体验到阅读纸质图书带来的那种阅读氛围的。

iPad 和 iPhone 等苹果产品问世以后,很多人都争相购买,有的人是用来写微博、上网、打电话或摄像的,也有的人是拿它当学习和游戏的工具的。

现在 iPad 上有不少学习类软件,可以让用户下载和阅读一些电子图书,特别是一些幼儿教育类的图书,非常实用。比如说,一些儿歌、童话故事经过动画处理,颜色鲜艳,图画精美,而且有声音和形象,活灵活现,很受一些幼儿喜欢。我感觉,iPad 对儿童阅读有一些正面的价值,也有一些值得注意的负面影响。

iPad 对促进幼儿阅读的好处就是很直观,很形象。电子书有动画,有音乐,能够充分地调动孩子的好奇心和游戏心理,不像纸质图书那样死板(画面是平面的,而不是立体的多彩空间)。但总体看来,iPad 的正面价值不可高估。我感觉不能把 iPad 上的电子图书当作主要的图书来阅读。iPad 虽然方便,能够下载不少电子书,但这些电子书即使承载了文字内容,其游戏性还是挺强的,所以孩子对 iPad 的喜爱,与其说是喜爱它的内容,倒不如说是喜欢它的形式,喜欢它的娱乐游戏的功能。

另外,幼儿的视觉神经还处在发育期,长时间地盯着电子屏幕,对视网膜发育很不好,而且电子阅读多了,不但影响视力,还很难培养他们阅读的耐心。现在很多家庭让孩子过多地看电视,也是同样的问题。我个人觉得读书,还是一个字一个字,一句话一句话来读,能够培养耐心和毅力,也能培养孩子线性的逻辑思维能力。

幼儿期孩子的语言文字启蒙,主要靠亲子阅读,是 iPad 无法取代的。亲子阅读建立在亲情关系之上,它首先营造的是一个充满浓郁亲情的环境与氛围,然后才是父母与孩子之间的语言交流,所以亲子阅读注重的是父母与孩子之间的眼神、话语和肢体语言的交流,这是 iPad 无法做到的。可惜的是,很多年轻的父母不太懂得这一点,他们自己不爱读书,喜欢看电视、玩游戏,对纯正的阅读没有感觉,所以要他们来实践亲子阅读,让幼儿早早地感受文字世界的乐趣,是很困难的。

值得欣喜的是,因为女儿已经养成了好读书的习惯,iPad 游戏最终没有吸引住她,她只是好奇地玩了玩,很自然地放弃了。而且她还说,电子游戏看起来很好玩,玩了几种后,就发现很没意思,只是在浪费时间。

最后，我要说的是，父母完全禁止孩子碰 iPad 和其他电子产品也不可取。让现在的孩子完全远离电子游戏是不可能的，因此要适当地让孩子体验 iPad 的乐趣，同时要通过亲子游戏、聊天，还有共同的读书活动来吸引孩子，要相信孩子有自我成长的智慧，只要父母引导得好，孩子是不会过分地沉湎于电子游戏的。

6　好爸爸一定要做亲子阅读

旭东教育微论

今天是世界读书日，关于读书的话题，又会成为一些媒体的新闻。读书是现代文明的生活方式之一。读书，不只是学知识长智慧，还能培育性情，熏陶心灵，升华人格和境界。要读好书，多读好书，才能享受到美好的文字之趣，才能真正领悟到文字的魅力，才能懂得如何建构一个文字世界。

女儿特爱读书，基本上把家里能看到的经典图书都读了。对女儿读书读报刊，我不给她任务，不让她写读后感，但会鼓励她谈一些体会，这时候，她会告诉我哪本书好，好在哪里。

很多爸爸妈妈十分关注孩子的早期教育，对孩子的阅读与学习很用心。特别是一些经济条件较好的家庭，家长很愿意给孩子买书。

亲子阅读，简练一点说，就是爸爸妈妈给孩子读书。那么爷爷奶奶给孙子孙女读书，是不是真正意义上的亲子阅读？我认为不是。因为爷爷奶奶与孙子孙女没有直接的血缘关系，而且也没有教育孙子孙女的责任。另外，爷爷奶奶来带孙子孙女，属于隔代教育，本身问题就很多。这一个问题，社会上已经有很多例子，有很多人关注和研究过它，我就不多说了。

幼儿园、小学的老师给学生读书，也不是亲子阅读，因为老师和学生之间的关系只是职业关系，不是家庭关系，不是亲情。因此，亲子阅读就是建立在直接的紧密的亲缘关系基础上的阅读活动与教育行为。

亲子阅读好处很多：第一，能够密切父母与孩子之间的关系。父母和孩子之间虽然有直接血缘关系，但如果不经常沟通、交流，尤其是当孩子感受不到父母的教育责任时，父母与孩子之间的关系也会疏远。第二，能够培育孩子的好性格。当爸爸妈妈用温柔的声音给孩子讲故事，很耐心地和孩子一页一页地翻阅着图书时，其实就是在用行动教育孩子，要有爱心，要有恒心，要有耐心，要能坚持。第三，能够在语言和知识上对孩子进行启蒙。每读一本书，每讲一个故事，每诵一首儿歌，都是在给孩子展现一个美好的文字世界，都是在引导孩子进入知识的殿堂，因此从某种程度上说，亲子阅读要胜过幼儿园的阅读活动。第四，亲子阅读也是一种和谐的游戏，是以文字和故事为道具的游戏，它有很多乐趣，有很多情感的心理的体验，有发现的惊喜，也有获得的骄傲。

一个好爸爸或好妈妈一定会积极参与亲子阅读，和孩子一起分享阅读的快乐，同时通过亲子阅读来感受孩子的成长，发现童心的智慧。

7 我这样帮助女儿做复习

旭东教育微论

据媒体报道：五一期间，南京两名孩子因作业未完成，不堪妈妈的打压而跳楼。这令人震惊。第一，五一其实就一天假，学校没必要布置那么多作业，难道孩子们就不能好好地痛快地休息一天吗？第二，家长发现孩子有压力，要为孩子减压，学会关心孩子，不要只盯着孩子的成绩，逼迫孩子，要给孩子一个良好的环境。

期末考试快到了，女儿的班主任老师布置了一些作业，其中有抄写词语的作业，还一个就是要整理一份改错试卷。

我问女儿，改错试卷是怎么回事？她说，就是要把这一个学期做过的试卷中出现的错误，一个一个地挑出来，然后汇集成一份试卷，把正确的答案写上。我对女儿说："你做吧，反正你犯的错误不多。"

女儿就认真地把这一个学期做过的语文试卷和数学试卷拿出来，一份一份地找错，没想到，还真不少。原因不是错得多了，而是试卷多了。现在小学里几乎每天课上或课后，老师都要让学生做试卷，因此，一个学期下来，女儿做过的试卷竟然比我小学五年做过的还多。

我先让女儿把自己曾经做错的数学试题找出来，然后分门别类，一个一个地抄写在空白的 A4 纸上，结果，女儿竟然抄满了四张 A4 纸。女儿做得很累，但我鼓励她："女儿，认真做，一个个重新改正，这样虽然很累，但下次你就不会再犯这样的错误了。"女儿点点头，我知道她很希望期末有好的成绩，她是一个要强的孩子，是不会让自己成绩下滑的。

女儿把改错试卷做好了，把一个个过去犯过的小错误改正好了，然后把试卷拿过来让我看。我发现她做得很好，字写得很工整，题目都列得很有条理，对每一个答案都仔细推敲，总之是一份令人满意的订正集！我高兴得又向她竖起了大拇指。

其实，期末复习是有好办法的。家长鼓励孩子把整个学期遇到的问题列出来，把整个学期作业或考试中出现的错误一个个列出来，重新改正，既是一种总结，也是一种强化训练。如果家长认真指导和辅导孩子完成了这一个工作，孩子期末考试一定会取得好成绩。

期末考试成绩出来了，女儿的语文、数学、英语都得了满分，她的班上这次期末只有三个孩子三门考试课得了满分。

8　以身作则做学习的榜样

好父亲好母亲是学出来的。爱学习的父母，本身就是孩子的榜样。另外，爱读书，家庭有氛围，孩子也不会太差。当然，爱读书，爱思考，父母也会更加智慧。向他人学习，做父母会更有智慧。

在家庭教育中，不少家长把劲使偏了。去少年宫或一些培训中心就可以看到，很多家长花了不少精力和金钱让孩子上各种学习班。他们宁可耗掉整个周末，再赔上大把钱，也不愿意在家里好好和孩子交流，亲自辅导孩子，解决孩子学习中存在的问题。好习惯好行为好方法的培养，都是从家里起步的。

有一次，我在《作家通讯》上读到浙江女作家顾艳写的散文，讲述自己创作的故事，其中提到了自己和女儿一起读书，使女儿也受到很好的影响，后来，她女儿不负期望，考上了北大中文系。读罢顾艳的这篇散文，我的脑海里好几天都会出现一幅清晰的图画：在一个书房里，母亲和女儿背靠着背，认真读书。

我觉得这是一幅很温馨的画面，既能让人感受到母爱的力量，也能让人感受到孩子的力量。很多做爸爸妈妈的，是很难做到这一点的。一般的城市家庭，孩子放学回家了，孩子要写作业，要读书，可是爸爸妈妈在看电视，在搓麻将，在斗地主。孩子有问题要问爸爸妈妈时，爸爸妈妈很不耐烦，恶声恶气地骂孩子，甚至都要动手打孩子。这样的家庭环境，肯定是不利于孩子学习与进步的。

在我们的三口之家里，也有着和顾艳家一样的情景。一般来说，女儿除了周三是半天课外，其他的几天都是全天有课，因此要到下午四点半才放学回家。女儿回到家里，我们都是让她先喝点热水，休息一会儿，然后就让女儿自己完成老师当天布置的作业。由于女儿养成了良好的学习习惯，我们不催她，她也会自己先做作业的。有一次，我逗女儿说："女儿，别做作业啦，咱们出去玩一会儿吧！"她很认真地对我说："不行，我得先完成作业！"女儿完成作业后，才会和我们一起玩。有时候我会和她下五子棋，或者和她一起画画、剪纸，她自己也会找隔壁的小朋友玩。

女儿能够养成良好的学习、生活习惯，也与我们做父母的学习、生活习惯分不开。我和爱人生活比较有规律，平常一般不熬夜，白天和晚上按时学习和休息。女儿写作业、读书时，我们不看电视，也不做别的影响她学习的事。一般情况下，女儿在自己的房间读书、写作业时，我在书房里读书、写作，爱人在大卧室里做翻译或者读书。所以很多时候，我们家里静悄悄的，三个人都埋头在台灯下学习。不过，有时候女儿做手工，或者画画时，会开心地唱歌，这时候，我会停下笔来，听听女儿的歌声，感受女儿清澈的童音里那可贵的纯真。

我们家里书很多，女儿喜欢读的书也很多。来过我们家里的同事或者

家长，都会感叹我们家有书香，给人很温馨的感觉。读过顾艳的散文后，我对爱人说："我们也要顾艳学习，以身作则，用自己的读书劲头鼓舞、督促孩子学习和成长！"

9 和孩子一起读书吧

> 幼儿园不教算术，不教识字，很多家长抱怨说，孩子在幼儿园学不到东西。很多家长的确缺乏基本的育儿观，只看重知识和应试，不懂得在生命最初的阶段，快乐的心情、健康的身体和向上的人格是最重要的。以知识教育和社会的游戏规则来压抑孩子，孩子的心灵成长一定会走弯路。
>
> 儿童初涉阅读，还是要读一些语言精美简练的作品，这样一来，他对文字从一开始就有了很高的认识。等读得多了，儿童自然会渐渐地扩大视野，并且能够接受多元化的阅读材料。如果刚开始时，读品质较差的图书和文字，会影响孩子的阅读趣味。因此，趣味一定要高。最初的文字熏陶，是奠基。

一个周末，一位老师带着自己的小孙女到我家来，想让我指导他小孙女的作文。这位老师的小孙女在北京某小学读书，是二年级学生，她同班别的孩子还在写话阶段，她就会写小诗了，还在两份报刊上发表了作品。她爷爷很高兴，很想让我指点一下，鼓励一下，使小孙女有进一步的提高。

我和这位老师聊了一个多小时。老师告诉我，小孙女从小爱读书，喜欢被妈妈抱着听故事。我知道这位老师本来也爱读书，家里有读书的好传统。和小女孩聊天，我发现，这个小女孩彬彬有礼，而且语言表达非常清晰流利，写的小诗和作文也很好，达到了初一学生的写作水平。这位老师说，他们家书很多，有一个很大的书房，小孙女很小就爱听爸爸妈妈讲故事，小学一入校，就认得很多字，连拼音都不用学，就能直接写字和写话。语文老师拿着课本一讲小诗或小儿歌，她就能当场模仿着写小诗和儿歌，语文老师很惊讶。我鼓励这个小女孩，要继续努力，多读书，读好书，而且要多自主阅读，读经典儿童文学著作，读一些优美的童诗，同时，勤练笔，锻炼自己的语言表达能力。

过了两天，这位老师把小孙女新写的几首小诗和作文发到了我的电子邮箱。我一读，的确写得很好，令人惊讶。联想到我的女儿，她的情况也有些相似。女儿一生下来，她妈妈读书给她听：一些优美的小诗和儿歌，妈妈会抱着女儿轻声朗读；一些童话故事，妈妈会抱着女儿慢慢地朗读。因此，女儿很小就是一个能动能静的孩子。上幼儿园时，女儿总喜欢安安静静地看着别的孩子叽叽喳喳，自己不怎么主动说话。刚开始老师觉得她不太积极主动，还以为她不适应幼儿园的生活，就把情况反馈给我。我就想，女儿肯定没有问题，她可能觉得这个新环境和家里不太一样了，而且周围的孩子也和她交往的孩子不一样，她要看看情况，熟悉一下，再做出自己的反应和决定。果然，过了一段时间，女儿开始主动参与老师组织的活动了，而且表现也比较积极，但她从来不打打闹闹，很讲秩序。幼儿园的老师开始夸她，说她是个既能安静，又能行动的孩子，很会领会老师的一些意图。每天从幼儿园接回家,我和爱人也会和女儿一起聊天,了解她在幼儿园的情况,同时鼓励她,希望她既能主动和孩子们一起玩耍,同时也要讲秩序,也要主动交朋友,向别的小朋友学习。女儿进步很快,不但交到了不少好朋友,还赢得了老师的肯定!女儿能够很顺利地融入幼儿园的生活,和我们家里的亲子阅读氛围是分不开的。如果我们家里都不爱读书,女儿从小只会玩游戏,只爱看电视、玩电子游戏,那么,她的性格一定不会是这样的。家庭有良好的亲子阅读环境,而且孩子从小受到书香的熏陶,也爱读书,一般都是很有心数,很有悟性的。

女儿上小学后,她妈妈依然经常给她读书,我也会和她们一起读书,因此家庭阅读气氛非常浓郁。女儿从一、二年级起,开始读名著,而且是大量地读。当同龄的同学还在为识字而苦恼的时候,她已经博览群书了。有一次,我发现她在读《爱的教育》,感到很奇怪,因为这似乎是她第五次读了,于是问道:"宝贝,你怎么又读《爱的教育》啦,不是已经读了好几遍了吗?"女儿合上书,淡淡地回答道:"这本书写得很好,我都读第六遍啦。"一本好书,能够反复阅读,而且每次都读得那么投入,这是很不容易的。我想,女儿的阅读已经进入了一个比较高的层次,她知道哪些是好书,而且知道经典是应该反复咀嚼的。当然,进入小学后,女儿的作文能力也很强。一、二年级时,语文老师布置写话,女儿一口气就能写二三百字。到了小学三、四年级,她写作文很轻松,随便出个题目,她都能写出四五百字。现在她读五年级了,一般能写出千字以上的作文,而且还发表了不少。

那位老师的小孙女如果这样继续发展,多读书,勤练笔,到了我女儿这个年龄，一定也能轻易写出千字以上的作文。做父亲的经验告诉我，在家里给孩子创造好的读书条件，家长也多和孩子交流，鼓励孩子进步，孩子一定会朝着理想的目标进步。所以，每次出去做关于阅读的讲座，我都会对一些家长说：和孩子一起读书吧！

10 家才是亲子阅读的场所

旭东教育微论

孩子的成长需要父亲的陪伴和关爱。父亲的作用包括五个方面：一，常和孩子游戏玩耍；二，常和孩子聊天，了解孩子学校里的事，和孩子交流看法；三，会为孩子准备美食美味，让孩子知道父亲关心她身体的成长，让孩子热爱生活；四，给孩子过生日，和孩子欢度节日，让她感受家的温暖；五，和孩子一起读书。

出去做一些关于儿童阅读的讲座，有些家长爱问我："在什么地方做亲子阅读比较好？"

我自己的亲子教育体会很多。我感觉，亲子阅读最好的场所就是在家里。家是最温馨的场所，有爸爸妈妈的爱，有熟悉的家具，有身边触手可及的图书，还有合适的沙发、桌椅，以及外面难得的安静。在家里，孩子会觉得有安全感，会感觉有自己独立的世界，而且家里的氛围孩子也很习惯。因此，在家里做亲子阅读才是最理想的。

当然，在假日或周末，父母也可以带孩子到社区里，到公园里，到公

共图书馆，或者到其他一些适合读书的地方，和孩子一起分享阅读的快乐，通过读书来消遣，来交流感情。如果不能利用家里的条件，到外面做亲子阅读，那就是舍本逐末了。

如果你家里房子比较宽敞，不妨给孩子专门设一个书房，给孩子一个大大的书架，摆上孩子喜欢读的书，那么，在这样的环境下，做亲子阅读是最好不过了。如果你家里房子不大，比较拥挤，那么就可以好好利用一下阳台，把它装扮得干净整洁些，凸显出幽静的格调。在这样的环境里和孩子一起读书，效果也不会太差。

我曾在火车的卧铺车厢里见过一位爸爸给女儿讲一本图画书。这是旅途上的见闻，当时的情形也很感人。当然，在车厢里读书时间长了，肯定对视力不好，而且也容易头晕，但有时候这种亲子阅读也给孩子的旅行增添了亲情。

因此，无论在哪里做讲座，我都会说，亲子阅读并没有固定的场所，只要爸爸妈妈有爱心，爱会驱使他们关心孩子的阅读，身体力行地参与到亲子阅读之中。有爱，有责任，有方法，孩子的教育就不会是一句空话。

每一次女儿的同学或者小朋友到我们家里来，都会很惊讶地说："哇，你们家这么多书呀！"我们家的客厅里，没有电视，没有娱乐设施，只有几排书架，上面摆满了各种图书。女儿就是在这种环境下，渐渐扩大了阅读面，渐渐走进了文学经典的门槛。

11 读书培养多方面的素养

旭东教育微论

> 给和我同龄的家长做亲子阅读讲座的时候,我告诉他们,如果把孩子交给我们的父母,让孩子享受隔代教育是不合适的。五六十岁,甚至七十岁的爷爷奶奶即使有文化,也缺乏现代育儿经验,所以把孩子完全交给爷爷奶奶,是很有风险的。隔代教育无法替代亲子教育。
>
> 在家庭教育中,有一个观点值得商榷。那就是有些家长认为自己挣钱也好,还是做什么事情,都是为了孩子。其实,家长挣钱不只是为了孩子,也是为了自己,而且孩子也知道父母还要为自己活着。另外,家长认为自己做的一切是为了孩子,也无形中给孩子增加了精神负担。因此,家长应该给孩子一个舒心的环境让孩子轻松成长。

孩子喜欢很多东西,他们都很有好奇心。走进大自然,孩子喜欢小鸟、鲜花,喜爱捉蚱蜢,喜欢追蝴蝶,喜爱摸鱼等等,孩子的心与大自然贴得很近很近,因此要让孩子健康成长,就要经常带孩子到大自然中,去爬山,去过河,去树林子里坐一坐,去草地上打打滚。

孩子也喜欢读书,喜欢听故事,喜欢朗诵诗,喜欢从文字世界里寻找

真、善、美。孩子小的时候,最喜欢听爷爷奶奶或爸爸妈妈讲故事、诵儿歌。很多人长大后,往往能清晰地记得童年时的故事和歌谣,就是因为童年美好的体验,往往是会记一辈子的。因此,让孩子亲近阅读,感受书香,能给他们带来快乐,也是让他们体验童年的幸福。

我小时候生活在农村,家里条件不好,没有钱买书,没有钱买新衣服,也没有钱买玩具,但那时能够接触到一些文学图书,稍微认识一些字,就如饥似渴地读。现在回想起来,除了母亲温暖的怀抱,那就是童年最美好的记忆了。有时候我和自己的学生谈人生,谈读书时,就会感叹童年的阅读,就会庆幸自己那时候还能读到一些文学名著。

今天,我们都有很好的条件了,很多孩子都不缺钱买书,父母对孩子的早期教育也很重视,但我们不要以为读书就是学知识,就是为了考试。读书是现代人生活的一部分,也是一种文明的习惯与行为。一只手很少碰书,那可能是很僵硬的;一颗心没被文学作品感动过,那可能是无情的。读书要面对文字,而一个字一个字地读,一段一段地理解,是一种需要智慧也需要耐心的行为,读书培养的是人多方面的素养。

我常对女儿说:"爸爸喜欢爱读书的孩子,也希望每一个孩子都爱读书。""书籍是人类进步的阶梯。""读一本好书,就像和一个高尚的人谈话。"这些名人名言,永远也不会过时,相信女儿和别的小朋友也能理解这些名言。

12　给孩子们开书单不能随意

新年第一天，给家长和老师推荐三本书：一是蒙台梭利的《童年的秘密》，二是周国平的《周国平论教育》，三是刘晓东的《儿童精神哲学》。在儿童教育方面，家长和老师都要不断学习，真正理解孩子、理解教育，才能做有助于孩子成长的人。作为父亲，当然，我也推荐大家读一读鲁迅的作品。

孩子的成长，就是一部大书，父母认真读认真品，就能学到很多为人父母的知识，感悟童年生命的智慧！孩子不是累赘，而是父母再受洗礼的契机！

有家长要我给她女儿推荐几本书，我觉得《蜜蜂公主》《秘密花园》《绿山墙的安妮》《窗边的小豆豆》《小公主》和《海蒂》等经典小说和童话很值得读。其中，《小公主》和《海蒂》这两部儿童小说感人肺腑，最值得一读。女孩子成长会遇到困难和挫折，它们告诉读者如何发挥自我成长的力量。

儿童阅读是一件很重要的事，给孩子们开书单很有必要。现在很多家长也意识到了儿童课外阅读的重要性，不少中小学校都开设了阅读课，有的小学还专门设置了阅读课的教学岗位，并在校园里举办各种读书活动。一些出版社也带着作家走进校园做讲座，做签售。还有一些出版人和一些

童书推广人，也开始给孩子们开书单。

目前来看，国内很多机构给孩子们开的书单大体有五种形式：一是出版商开的书单。主要是出版社编辑和一些作家、儿童阅读推广人合作，把本社出版的童书推荐给小读者，带着明显的自营销性质。二是专业儿童阅读推广者开的书单。他们爱好儿童阅读，当然也得到了很多出版商的支持。他们在推荐好书的同时，也为出版社做营销。三是社会阅读机构的书单。现在社会上有各种民间阅读机构和教育机构，如新阅读研究所，他们组织一些专家、作家和教师一起来给孩子们推荐童书。四是儿童报刊开的书单。现在不少儿童报刊或者家教杂志都会组织一些专家或作家给读者开书单。比如说，《父母必读》每年都会搞一个童书榜。五是儿童文学作家的书单。少数儿童文学作家在和小读者及其家长交流时，也会尽量推荐童书。

以上五类书单，在推动儿童阅读方面起到了不可忽视的作用，但也存在一些问题。主要表现为权威性不够，都难免带着浓烈的商业色彩，而且有的书单开出来，完全是一种商业行为。比如说，现在频繁出现在纸质媒体和博客、微博的一些书单，还有各类童书排行榜，看似很认真、公正，其实很多都是商业阅读推广，背后都有利益在驱动。因此，有的书单和排行榜虽然搞得热热闹闹，在下面却引起了很多家长和老师的警惕。我到一些小学去做讲座，也问一问老师和家长对童书排行榜的看法，他们都说自己基本不注意榜单，他们买书，或者给学生推荐童书，都很看重自我的检验和判断。

作为一位儿童文学作家、评论家，我经常应邀走进校园做阅读和写作的讲座。在和老师们、孩子们交流时，有一些人也希望我能推荐一些适合他们读的书。女儿上幼儿园以后，我和家长交流多了，发现很多家长对亲子阅读根本不懂，或者说很困惑，于是，我在家里给女儿读书，也开始研究亲子阅读问题，关注童书的类别和读者的需要。渐渐地，我积累了一些经验，也把握了一些规律。这样，每当有家长和老师需要我推荐童书，我就会大胆地做一些推荐，列一些书单。《享受亲子阅读的快乐：1~6岁儿童选书阅读全方略》这本书就是在我的家庭亲子阅读实践经验的基础上，加上到一些幼儿园了解情况，并研究市场上的童书之后写成的。这本书也算是国内第一本研究亲子阅读，讲述童书知识，给家长和孩子开列书目的家教类图书。让我感动的是，这本书得到了很多家长和幼儿园老师的欢迎，多家媒体也做了介绍。如《图书馆报》和《南方教育时报》都做了整版报道。2014年，我又出版了《让书香润泽童心：6~12岁孩子爱上阅读全攻略》。这本书算是《享受亲子阅读的快乐：1~6岁儿童选书阅读全方略》的姊妹篇，也是我对小学生阅读的一个关注吧。我到小学里指导语文教学和阅读文化建设，也给家长做如何营造家庭阅读环境的讲座，发现家长和老师很需要有一本书来专门指导小学生阅读，于是，我就把我多年的实践和研究又做了总结，写成了这本书。在书里，我不但介绍了儿童文学的文体知识，还推荐了各类优质童书，也讲述了自己童年的读书故事，回答了一些阅读问题，还开列了各类书单，包括给家长和老师读的书。因为实用性强，针对性强，刚一出版，就引起了强烈反响。

通过这些年的努力，我感觉，给孩子们开书单，不能随意，也不要过于商业化，它是一件很讲科学，也必须慎重的事。童年的阅读奠定一生。

幼儿时、童年时的阅读，是最初的语文。如果我们开书单不是根据孩子们的需要，不是从审美的、教育的角度出发，那就可能会误导孩子。无论社会上童书排行榜多热闹，无论各类书单多么具有煽动性，我想，我都要坚持从专家的角度，从一位父亲、老师和作家的角度，认真地筛选好书，并把它们推荐给孩子们。

13　女儿教我写童话

旭东教育微论

童年是我们生命的原点，童年的快乐意味着成年的幸福。而童年的阅读又是人生的奠基，是童年生命的需要。因此致力于儿童阅读文化的建设，引领孩子走进美好的文字世界，让他们享受阅读的快乐，也是成年人的责任。让我们一起来行动，和孩子一起读书，一起成长，一起感受文字中的爱与美！

整理了好几周，终于把自己发表在《幼儿画报》《启蒙》《亲子画刊》《红蜻蜓》和《小学生之友》（低幼版）等十多家杂志上的童话编排好了，组成了一套名为"谭旭东纯美亲子阅读书系"的童话书。

我很喜欢写童话，虽然因为工作繁忙，没有专门的时间写，但每一次写作都很认真，特别是在给以上几家刊物写专栏时，都是小心翼翼地构思的。每一个小形象，每一句话，都尽可能地符合儿童的心理，尤其是符合儿童的审美，具有精神引导价值。童话是虚构的，幻想的，但它不是假的，更不是虚伪的。因为童话的幻想就是人的幻想，而幻想是每一个生命

的本质所在,也是童心的真谛。如果一个人丢失了幻想,不愿意阅读童话,可以说他的心已经变老,变世故了——这并不是一件好事!

写童话时,我是很注意儿童的需要的。他们是成长的生命,生理和心灵的成长,都需要我们给予恰如其分的营养。因此,我觉得自己的童话,应该包含可爱的形象、活泼易懂的语言、温馨诗意的意境、贴近心灵的情趣,同时,我希望童话里还应充满作家对孩子的爱,对孩子的引导,尤其是对孩子美德的培育。有些人可能会认为这样容易把童话引向道德教化,但他们可能忽视了一个基本的问题:所有给予孩子的,必须是有正面价值的。而且有一个事实不能忽视:人们阅读,就是希望作品或图书对自己有用。读童话,一定是在对孩子有用的价值立场上的行为,不可能是无目的的。

女儿才八岁多一点儿,我一直关注她对童话的阅读。她喜欢那些语言单纯、情节有趣、形象可爱、富有意境的童话。我想,以一位父亲的身份来写童话,比以一位作家的身份来写童话更有趣、更开心。每次我写完童话,都会给女儿读一读。女儿有时候会很直率地指出作品里的问题和缺点,有时候她会给予肯定。

女儿是我这些童话的第一位读者,也可以说,女儿是我的童话老师。我希望有更多的小读者会喜欢我写的童话和其他作品!

[第三辑]

爱也是给孩子自由

对孩子心灵的塑造和人格的引领,是父母的功课。我对女儿说,你最需要的就是树立自信自强意识,而且要变得越来越自信自强。大自然里的小草,没有人给它施肥、浇水;山谷里的小树,那么寂寞、无助,它们都能靠自己的智慧和力量,尽可能吸取营养,尽可能往上生长,开出灿烂的花朵,长成参天大树。

1　让孩子放学自己回家

旭东教育微论

> 童年的经历影响一生,如果孩子经历的是爱和关怀,是成年人世界给予的信任与呵护,这种美好会伴随孩子一生。幸福的种子,是父母用爱播下的。在童年的心田里,爱的种子一旦播下,就会萌发令人惊喜的新芽。

这个学期,女儿上四年级了。看到同楼有一户人家,女儿天天都是自己上学,自己回家。我和爱人商量:我们不要天天接送孩子了,至少得让女儿锻炼一下,让她多一点儿独立自主的能力。

但从我们家到女儿的学校,有好几站路,早晨要是不送的话,女儿自己乘公交车,恐怕要少睡半个小时。因为从我们社区到公交站点,得穿过我工作的大学校园,得走十多分钟的路。如果让女儿自己去上学,意味着她除了乘公交车花十分钟,等车花五分钟,还要走十五分钟,路上要至少花上半个小时。所以,我爱人觉得还是开车送比较好,这样一来,女儿上学不会太匆忙,而且能够尽量多睡一会儿。保证充足的睡眠,对身体好,也使孩子有更多的精力去学习。但是下午放学，我们觉得可以让女儿自己乘公交车回家，加上她有一位同班同学和我们住在同一个社区，而且隔壁家那个女孩，也和女儿同一个年级读书，她们可以结伴回家。

我觉得这是一个好办法，就主动和隔壁邻居交流，他们两口子也觉得很好，女儿也多次主动提出，放学后自己回家。我就让女儿每天下午放学时，和隔壁女孩，还有那位同班同学一起回家。她们学校门口就有一趟公交车，直接到我工作的大学门口，她们下车后，穿过校园，就到家了。

说实在话，第一次让女儿自个儿放学回家，心里很不踏实。那天下午，到了四点一刻，按照以往，我爱人就得开车去女儿的学校；四点半时，女儿放学，就接回家。我爱人心里也不太踏实。但我们想，女儿一定能够安全顺利地回家。我们在家等待着，到了五点钟的时候，门铃响了，传来了女儿欢快的笑声。我把门一打开，女儿背着大书包，笑嘻嘻地进了家门。

我说："今天坐公交车挤吗？"女儿摇了摇头，说："不挤，挺好玩的。"爱人仔细地问了女儿回家的情况，问女儿累不累，她告诉妈妈，一路上很快乐，能和同学一起聊天，还能在大学校园里跑跑，她觉得很开心。第二天下午，女儿放学自己又顺利地回家了。第三天，我不再担心了。

女儿放学自己回家，也让我和爱人每天下午节省了至少半个小时的时间。通过让女儿自己放学回家这件事，我有一个感受，那就是即使家里有车，父母有时间接孩子，如果孩子能够自己回家，如果安全有保障，还是尽可能让孩子自己回家。这样一来，既可以锻炼孩子自立能力，而且能够让孩子多和同伴相处。现在城市里,很多孩子,早晨开车送到学校,下午放学一出校门,就被父母接到家里,和同伴交流太少了,所以很多孩子除了和同学相处还自然外,和其他人相处就不自然了,而且性格有些偏于孤僻。

做智慧父亲

2 女儿一定要贵养吗

旭东教育微论

在高铁上翻到一份杂志，上面有则公益广告，呼吁人们关注"没有天分的孩子"。这个呼吁非常可笑，缺乏最基本的常识。哪个孩子没有天分？什么是天分？学习成绩不好，不会书法、绘画、唱歌、跳舞，就是"没有天分"？每一个小小的生命，哪怕原野里的小草，都有自我成长的智慧，都有它的潜能。

社会有这样一个观点："男孩要贱养，女儿要贵养。"意思是，男孩子长大后，要成家立业，因此要让男孩子从小吃苦，不能让男孩子变得娇气。女孩子长大后，要嫁个好人家，要享受，不能让她从小就干活受累，否则，女儿长大了就会命苦。

其实，这种观点太传统了，而且无疑之中形成了一种对女孩子的偏见，好像男孩子就能干事业，女孩子只能享受，只能过日子。这是有悖于男女平等观念的。

女儿上幼儿园的时候，我就让她学会洗袜子了。上小学后，我和爱人

第三辑　爱也是给孩子自由

有时候让女儿帮着一起择菜洗菜，有时候会安排女儿收衣服、叠衣服，帮着做点家务活。女儿自己的房间，隔了一两天，她就要整理一下。她自己的床铺，都是自己整理好的。家里包饺子，一般是我调馅、烧水，爱人和面、擀皮，女儿包饺子，所以每一次包饺子就像是一次全家人集体劳动，这种感觉非常好，使家庭的气氛更加温馨和谐。有时候，我和爱人还安排女儿下楼倒垃圾，偶尔也会让她买点蔬菜。这些小活，让她干一干，培养了她勤劳的好习惯，同时，也让她感受到自己也是家里很重要的一员。有一次我让女儿擦桌子，女儿对我说："王小琳干家务活，她妈妈给她付工钱呢。爸爸，我也要钱。"我听了，对她说："你是家里的一员，干家里的活是应该的。如果靠给点钱，你才干活，那样你就太不自觉了，对吧？"女儿一听，觉得有道理，就不再向我要钱了。后来，我和女儿讨论过这个问题，她说，她认识的好几个朋友，爸爸妈妈都用钱鼓励他们干家务活。我说，这样做没有必要，干家务活不太累，而且也锻炼身体，同时，学会做点事，将来长大了就会少很多麻烦。我还告诉女儿，每一个小孩子都要长大，都要独立生活，基本的生活能力都要从小开始培养。女儿也很赞同，她说："长大后，我要靠自己养活自己！"我对女儿竖起了大拇指。

中国现在很多家庭都只有一个孩子，孩子成了父母、爷爷奶奶和姥姥姥爷几代人心中的宝贝。全家人都围着一个孩子转，孩子成了家里的"小太阳"。在这种情况下，如果父母对孩子娇生惯养，让孩子衣来伸手、饭来张口，那么有可能会把孩子培养成"小霸王"，长大后，孩子会变成"啃老的一族"和"拼爹的一族"，这是很可怕的。我在大学里教书，有些大学生每个月都要回家，包里塞的全是换下来的脏衣服。家住本市的学

做智慧父亲

生，每周五就回了家，周一才赶回学校，真正在学校里读书也就四天时间，所以专业基础扎实的学生越来越少，大部分学生读大学就是为了拿张文凭。这与家长从小的纵容和娇惯是分不开的。父母生怕孩子在学校吃得差，生怕他们受苦，长期下来，孩子都变成了完全依赖父母的藤蔓了。

我的同事和朋友中，不少家里就生了一个女儿，如果认为女儿不要干事业，只能会生活，那将来长大了，女儿该怎么办呢？我们经常会讨论这个问题。我对女儿说："爸爸妈妈就你这么一个孩子，爸爸妈妈会尽可能地关心你，帮助你成长，但将来长大了，你的生活就要靠你自己！无论你在国内，还是在国外，你要走自己的路，靠自己的努力获得更加幸福的生活！"

我不赞成女儿贵养，不希望女儿长大了变成只会消费和享受的物质女孩，希望女儿是精神上的贵族。

3 不把孩子天天关在家里

> 给孩子爱,是成年人的责任和义务。当孩子还小的时候,在孩子们面前谈论回报、谈论感恩,我认为是一件不体面甚至是令人羞耻的事情。孩子的成长之路还没有走完,身体和精神的成长还需要成年人付出恰当且具有引领力的爱,因此成年人要做的是尽心地去关爱孩子,而不是冠冕堂皇地向孩子索取回报。
>
> 就像大自然一经破坏就不可改良一样,童年一旦受到伤害也会留下难以治愈的伤病。对孩子的爱,不是盲目的给予,也不是强加的意志。对孩子的爱,不但有长者天然的呵护和疼爱,也包含着长者的文化智慧——这是文明的人所能给予孩子的爱,它是在理解孩子基础之上的爱,是对童心世界的尊重。

女儿渐渐长大,对她的教育和成长,我思考得越来越多。

自从女儿上小学,面对学校应试教育的大环境,我和爱人心里都很着急,有时候还特别焦虑。到底我们应该给孩子什么样的教育环境呢?大的环境无疑是不可改变的,几十年来,学校教育不就是为了考试吗?老师的教学目标,与其说是育人,不如说是应付考试。在北京,很多小学虽然不给学生排名次了,但老师私下里还在给学生排名次,而且会把孩子的成绩

看得非常重要，不同学校之间也有以考试成绩排名的问题。

　　无论怎样，我想，对女儿的教育，我们要创造一个宽松的家庭环境，至少在家里，不让女儿感到有太大的压力。至少在家里，女儿会觉得有很多的自由，而且父母不是以成绩来论优劣。正是在这种理念下，我和爱人没有让女儿在周末去学奥数、参加课外班，只是根据女儿的兴趣，让她选择音乐、舞蹈培训。女儿学古筝，我们是让她自己选择的；女儿要参加芭蕾舞班，也是她自己很想去的；女儿在学校参加合唱队，也是她自己选择的。我也对她说："知识很重要，但学知识并不只是学语文、数学、英语，音乐、舞蹈、美术一样重要。学习上没有什么主科和副科，哪一门知识都是很重要的。但最重要的是能力和创造力以及积极向上的心态。"

　　因此，女儿每天放学回到家里，我们先让她尽快完成老师布置的家庭作业，尽量不要在天黑了才做作业，因为那样更容易影响视力。女儿记得这一点，所以晚餐后的时间，就是她比较自由的时间了，她可以弹古筝，可以办小报，可以做手工，也可以自由地读读课外书。夏天的晚上，我会鼓励女儿邀请几位小伙伴，在社区里做游戏。冬天，社区里的居民一般不让孩子出门玩，女儿很难找到玩耍的伙伴，我们就带着女儿到社区里散散步，这样既锻炼身体，也可以和女儿聊聊天，让她讲讲学校里发生的事情。到了周末，女儿跳完舞，其他的时间基本上可以由她自己支配。有时候我们让她邀请一些同学到家里来玩，有时候我们一家人去游泳，或出去和朋友家一起聚餐。

　　我不赞成父母总把孩子关在家里，那样，孩子每天都在学校和家庭两个点上来回，对孩子的身心发育不利。在微博上看到一位朋友讲的故事，说两位中国妈妈带着女儿去了美国,一位妈妈鼓励女儿天天去社区图书馆看书、和别人交流;一位妈妈天天陪着女儿在家里做题目、背单词。过了一阵儿,前面这个女孩很快就学好了英语,而且水平都快赶上美国的同学了;后面那位小女孩英语总是过不了关,没法融入美国的学校教育。为什么这两位妈妈的教育结果会如此不同?很显然,前者不是把孩子关在家里,而是给她充分的自由空间。把孩子关在家里来教育,是很愚蠢的。家庭教育不是束缚孩子,不是把家庭当作一个围城。父母给孩子的成长环境,应该更宽松,更自由,更符合孩子的天性。如果孩子在家庭里做的和学校里的一样,那么,孩子的生活就太痛苦太压抑了,因此父母应该发挥孩子的天性,让孩子学会自我摸索,自我学习,自我努力!

4 孩子一定要进名校吗

在和一些家长朋友交流时，我们都有一种焦虑——关于教育的焦虑：孩子学习是为了什么？很多人都想要一个明确的答案。难道小小年纪，我们就要给他们规划好固定的人生轨迹，为他们设置一个固定的生活模式？所谓"不要输在起跑线上"，所谓的"0岁革命"，难道真的是灵丹妙药？为何不保护孩子的天性？

儿童教育的实践者，不仅仅是学校的老师和教育部门的领导。每一位有孩子的成年人，都是真正意义上的实践者。只要在孩子身上用心，关注孩子，理解孩子，对孩子的爱就不易变成一种错误的干涉。很可惜的是，很多人做父母，但并不真正懂得教育，也不理解孩子，因为他们从没有真正进入孩子的世界。

每年夏天，都是家长们最心焦的季节。小升初，很多家长到处奔波，想方设法要让孩子进名校。初升高，很多家长比孩子还急，他们多么渴望孩子能考上名校呀！即使考不上，无论如何也要托七大姑八大姨，花几万块钱，甚至是几十万块钱让孩子上个名校。

在北京，很多家长都希望孩子进名校学习，有的名校、重点中小学动辄需要10万元，甚至20万元的赞助费。有的家长为了让孩子进名校，让孩子很早就进名校办的高价"蹲坑班",还有的不惜托关系、找人情,拼命挤进名校、重点校。记得女儿上幼儿园大班时,就有朋友问我:"你女儿马上要上小学了,你打算送她到哪所小学学习呀?"我明白朋友的意思,他以为我一定会把女儿送到北京的一流重点小学去读书。事实上,我并不赞同这种做法。

我家住在石景山区,一些重点学校经常邀请我去做讲座,也算是他们很看重的专家,按说,我女儿上个西城区或海淀区比较好的重点小学是没有问题的,但我却没有这么做。我是这样想的,如果女儿到西城区或海淀区的重点小学读书,意味着我们一家人要去租房,否则从家里开车接送,她每天早晨就要提前一个小时起床,而且晚上会晚一个小时回家。这样的话,对女儿的身体健康不利。我觉得小学时,一定要保证睡眠,节奏不要太紧张。我让女儿去读附近的小学,离家近,走路半个小时,开车十分钟。女儿每天七点起床,吃完早餐去上学,七点四十之前一定会到校,很从容;而且下午放学回家也方便,遇到我和爱人有事,女儿自己坐公交车回家也很快,十几分钟即可。我觉得让女儿上附近的小学是一件一举三得的好事:第一,离家近,学校不算太差,孩子生活学习方便,家长照顾成本低。第二,孩子的学习压力不大。现在很多名校和重点小学,之所以教学质量靠前,是因为学校的老师给学生布置的作业多,而且考试压力大。我不赞成这种教育方式,过重的考试压力,对孩子的成长是没太多好处的。让女儿就近入学,反而给家庭教育提供了更多的空间。第三,在孩子上小学时,家庭教育还是很重要。很多家长总觉得小学要靠老师、靠学校,其实,家庭里可以创造一个好的学习环境,让孩子养成好习惯。如果家庭环境差,父母对孩子的学习不用心,只是一味追求成绩,一味苛求学校,孩子的学习肯定抓不好,而且孩子会觉得父母没有教育能力和教育智慧,也会不太尊重父母。

当然,如果父母为了自己的面子而拼命让孩子进名校、重点校,那么更没有必要了。孩子的成长需要父母真正的关心。如果孩子学习成绩好,父母就觉得有面子,那孩子不但有压力,而且长大一点可能会有叛逆情绪,反而达不到父母所期待的目标。

我对女儿说:"成长主要靠你自己,但爸爸希望你能学得快乐,学得轻松。"

5 尊重孩子自己的选择

> 美国影片中，妈妈喜欢对孩子说："妈妈爱你！""妈妈相信你！"但我们周围，妈妈都习惯说："要听妈妈的话呀！""做乖孩子，妈妈就喜欢你！""你喜欢妈妈吗？"不同的妈妈的话语，折射出不同的妈妈的爱。一种是鼓励，是坚持，是信任；一种是要求，是压制，是索取。不过，两者语言都温和。
>
> 中国人对孩子的伤害，是很讲究技巧的。第一，都是在爱的名义下进行的。如，你们好好写作业，老师管你妈妈管你，是爱你。第二，都是在集体名义下进行的。如，我要你这么做，不是我要这样，是上面逼的，大家都这样。第三，是在幼年就开始的。如，幼儿园就开始逼孩子学应试知识了。

2009年4月，受新闻出版总署和中国作家协会的选派，我和女作家戴来一起去德国做为期10天的文学朗诵活动。那一年法兰克福书展把中国定为主宾国，根据中德两国的协议，中国将派遣一些著名作家到德国各地去做巡回文学朗读和讲座，全年共派遣好几批作家去，其中包括中国作家协会主席铁凝，著名作家王蒙、莫言等。我和戴来有幸被第一批派去，为法兰克福书展系列活动打头阵。

说实在的,接到这个通知,我都有点儿惊讶,也很激动。虽然不是第一次出国了,但这么重要的文学交流活动,第一批两位作家就包括了我。戴来是很著名的青年小说家,可我主要从事儿童文学创作和文学研究,虽然出了很多书,而且在小读者中影响很大,但在主流文学圈子里,很多人并不十分瞧得起。不过,既然被选上,至少证明我的成绩是有目共睹的。这样一想,我就很高兴地和戴来一起出发了。

我和戴来在慕尼黑、埃尔兰根、纽伦堡、维尔茨堡、奥格斯堡等五座城市做巡回文学朗读,主要是朗读自己的作品。事先,新闻出版总署的有关部门已经给我们每个人都做了一个德语册子,上面有我们的照片、介绍和作品,还有一些相关的联系方式,以便德国读者了解我们,加上德国听众和读者素质高,活动组织得也很好,每一个地方都有记者采访,都有媒体报道,还有翻译家陪同,因此每次朗读和讲座效果都很好。

在德国的10天,除了新闻出版总署派到德国的一个工作人员全程陪同我们外,德国方面也有一位女士一直陪同着我们,她的名字现在突然想不起来了,好像叫克里斯蒂。她脸红红的,胖胖的,个子不是太高,大约1.6米吧,出生于汉堡。她工作很细心,我们到维尔茨堡时,天下起绵绵细雨,她赶紧给我们各买了一把雨伞。每次用餐时,都是她细心地询问我们喜欢什么,一看到我们不太懂菜谱,就耐心给我们介绍和讲解这些饭菜是由什么做的,什么味道,适不适合我们吃。所以,我们一路吃得都挺好,住宿和游玩安排得也很好。

从纽伦堡大学孔子学院做完文学朗读和讲座后,我们乘火车来到了维尔茨堡。因为是上午11点钟到的,而我们在那里的文学朗读是安排在晚

第三辑 爱也是给孩子自由

上,所以我们还有半天的时间游玩或休息。她就带我们去逛街。一路上,我就和她聊起了天,很自然地谈到了孩子和家庭。我问她:"你工作很忙,几乎常年都在外面接待外宾,家里孩子谁管呀?"她告诉我,她女儿19岁了,不用她管。我说,在中国,很多父母亲一辈子都管着孩子,孩子小时候他们操心,大了也操心;未成年时,家长管孩子学习;成年了,家长管孩子结婚成家;孩子结婚成家了,家长还要管他们的孩子……总之,中国的父母亲管孩子一辈子,孩子也习惯被父母亲管着。而且现在有很多"啃老族",他们不愿意自己独立生活,也不愿意去闯荡,去吃苦,只愿意待在家里吃现成的。她告诉我,她女儿小时候,她就培养其独立能力,上学从来不接送,都是让女儿自己坐公共汽车或骑自行车上学。她的话使我想起了在纽伦堡的早晨。那天,我早早地起床,一个人到街上转转,顺便看看这座城市。记得当时大概7点钟,我在纽伦堡比较中心的街道上散步,转到一个街区时,发现一辆公共汽车停了下来,很多小学生下来了,原来他们是来上学的,老人或家长跟在后面。另外,在纽伦堡和维尔茨堡,我发现很多人都不开车,而是骑自行车或步行去上班上学。德国每一个城市的街道边都停着宝马、奔驰,但那里的居民是不会一个人开着车闲逛的,更不会像我们这里,有的人就爱开着越野车在大街上瞎转悠,显得自己很气派似的。

午餐时,我又问她是否打过孩子。她摇了摇头,说她从来不打孩子,打孩子是犯法的。我就问她:"当你女儿犯错误时,或者不听话时,你怎么管教她?"她说:"多听听孩子怎么说,只要有道理,就得听她的,让她感觉到你是在尊重她,时间长了孩子就会听你的话了,而且孩子自己也会有很好的判断。"她对我说，她女儿小的时候，自己正做一份销售的工作，工资不太高，而且工作也比较累，但她总是想办法陪女儿一起玩，而且读书给女儿听，让女儿养成好的生活习惯，培养女儿的耐心。女儿学习一直很好，中学时她问女儿是不是上大学，女儿说想上技校，尽管女儿成绩很好，完全可以上大学，但她还是让女儿去了技术学校，学的是烹饪。现在她女儿就在汉堡一家酒店里工作。我对她说："如果你女儿上了大学，也许会想法不一样。"她耸了耸肩膀，说："但是她现在很快乐！"我们后来就不再讨论孩子的问题了。但路上我一直在想，我们并不知道德国的家庭教育的全部，但这位女士对孩子的态度却是值得我去思考和借鉴的。

　　我们周围很多家长，从孩子很小起，就开始为孩子勾画未来的蓝图，美其名曰是帮助孩子做"人生设计"，但我们设计的"未来"是不是真的适合孩子的天性呢？或者说，我们对孩子的期待与孩子自我的感觉是不是一致呢？大自然的小草，即使没有人为它浇水施肥，它都知道尽力地往上长，以吸取更多的阳光和雨露，那么，我们的孩子不也有自我成长的智慧吗？因此，我觉得我们应该尽可能地尊重孩子的天性，发掘孩子的潜能，让孩子在父母信任的目光中体验成长的快乐！

6　让女儿养成好习惯

> 大家都知道教育就是种树。但种什么树？应该让孩子长成什么样的树？如果孩子成不了树，他只是一棵小草，怎么办？现实有时候就是一片荒原，或者是一片沙漠，在这种情况下，我希望我们的教育不要粉饰太平，把孩子当作盛世繁花。我们要告诉孩子，即使他成不了大树，也要尽量做一棵顽强的小草。
>
> 今天的儿童教育，一个很严重的问题就是父母缺席。很多孩子上学、放学都是爷爷奶奶接送，日常生活也是爷爷奶奶照料。就连辅导作业，很多家庭依靠的都是爷爷奶奶。在一些家庭里，父母在儿童教育中扮演的角色非常模糊，甚至只是名义上的父母，生物学上的父母。

女儿两岁的时候，附近社区里有一个老师借用大学的教室办了一个亲子班，爱人和我一商量，决定让女儿去参加这个亲子班。参加了半年的亲子活动，女儿的性格越来越活泼，越来越愿意和别的小朋友交往。2006年3月时，女儿快三岁了，我们让她上了幼儿园。她第一次来幼儿园的时候，一看见几位老师满脸和蔼、亲切的笑容，就觉得老师很好，就不害怕新环境了，于是我就放心地让她进了幼儿园。

刚进幼儿园时，女儿还有些胆怯。不过，她不像有些小孩子一入园就哭，女儿从来没有哭过。虽然她也有些不习惯这个新环境，但看得出来她在尽量地适应这个小集体。过了两个月，女儿的变化不小。首先是她愿意和别的小朋友交流了，现在她喜欢和小朋友一起游戏，一起说话，一起玩耍……她变得会表达自己的感情，而且会处理自己的事情，比如，在老师的引导下，当有小朋友推她，她会说："你不能推我，这样不礼貌！"女儿还有一个变化，那就是她也变得更加自立了，比如她不再需要我为她穿鞋子、戴帽子、穿衣服……这些事，都是她自己亲自动手来做，而且做得很好。晚上睡觉前，她还会自己洗脚，自己擦脚。白天和晚上，她会自己小便，不需要我为她拉裤子。每当我们想帮助她来做这些事时，她总是会说："不，不要，我自己会做！"女儿晚上回到家里，都是她自己吃饭，自己用勺子盛菜，每次看着她把小碗里的饭菜吃得干干净净，我都非常高兴。女儿进幼儿园前有些胆小，在幼儿园老师的鼓励下，她开始敢于在大家面前表演节目了。

看着女儿养成了这么好的习惯，我和爱人心里有说不出的高兴。女儿上幼儿园后的这些变化，与幼儿园老师的关心和照看有很大关系。幼儿园是孩子走上社会的第一步，我想：即使工作再忙，生活再艰苦，做爸爸妈妈的，都应该和幼儿园老师一起为孩子的教育尽心尽力。

现在女儿读小学三年级了，各方面表现都很出色。我想：让我们的爱心呵护孩子的成长吧！感谢帮助女儿成长的每一位老师！

7 "虎妈"不如爸爸的爱

> 很多孩子的最大不幸,不是来自社会,也不是来自学校,而是来自家庭。父母不是按照孩子的天性,不是理解孩子的世界,不是根据孩子的心理,而是按照自己的目标来型塑孩子。他们用所谓的"爱"的言行,让孩子小小的生命早早地定格,让孩子对人生的认知早早地固化,孩子成了所谓的"爱"的牺牲品。
>
> 在孩子教育方面,别人的经验是可以学习、借鉴的,但爱是无法复制的,更无法借用。父母对孩子的爱,源于血脉相通,是人类最自然的情感。但现实生活中,就是这种自然的爱,很多父母并不能真正认识和正确给予。爱孩子,不是溺爱,不是娇惯,不是支配,不是压抑,不是强迫,更不是打骂。

最近看新闻,有一位"虎妈"很引人注目。她就是美国耶鲁大学的华裔教授蔡美儿。她出版了一本名叫《虎妈战歌》的书在美国引起轰动。该书介绍了她如何以中国式教育方法管教两个女儿,她骂女儿垃圾,要求每科成绩拿 A,不准看电视,不好好练琴就不准吃饭等。虎妈的教育方式轰

动了美国教育界,并引起美国关于中美教育方法的大讨论。2010年底,虎妈的故事登上了最新一期《时代》周刊封面,很多美国人认为虎妈的教育方式并不好,是一种"病毒"。

在实际的生活中,如果一味地纵容孩子,过分地宽容孩子的缺点,其实是对孩子教育的不负责任。在我们家里,爱人更多的时候扮演的是严母的角色,女儿犯了什么错误,都是她来批评的;女儿作业没及时完成,她都是用严厉的口吻去催促的;女儿有时候任性一些,她就会让女儿不要太淘气……总之,爱人就像中国大部分的妈妈一样,有些唠叨,似乎做妈妈的就是一个孩子的"催命鬼"一样。有一天放学回家后,女儿因为和隔壁的孩子玩耍,没有及时完成家庭作业,爱人就大声地对女儿说:"宝贝,你还没完成作业呢,快去你房间写作业!"女儿说:"都快吃晚餐啦,还写作业呀!晚饭后再写吧。"爱人就从大卧室里走出来,拉着女儿进了她的房间,说:"快完成作业,不完成作业就不能吃饭。"女儿一看妈妈生气了,自己也很难受,就哭了,不愿意写作业。爱人很生气,就要把女儿拉到门外去,还说:"要哭,你到外面去哭,不要在家里哭。"然后,她果然要拉女儿到屋外去……这样的事情虽然不是经常发生,但对女儿是很严厉的,可以说,她有时候的管教并不亚于美国的"虎妈"。

有好几次,我和女儿聊天,还当着爱人的面,对女儿说:"爸爸对你很好吧!"女儿很干脆地说:"是呀,你太好了!"接着,我对女儿说:"你妈妈好严厉,你最喜欢爸爸还是妈妈?"女儿犹豫一会儿,说:"我最喜欢妈妈,当然也喜欢爸爸。"我装着很生气的样子说:"你妈妈老批评你,有时候还惩罚你,你还最喜欢妈妈,哼!"没想到女儿说:"要是妈妈不严厉管教我，我能这么乖，这么好吗？"女儿还说："我们班有个同学不爱学习，不关心集体，有好多毛病，就是因为爸爸妈妈不管她。"女儿的回答并不让我惊讶。孩子心中自有尺度，并不是父母严厉，孩子就叛逆；并不是父母宽容，孩子就会变好。无论你是严厉，还是宽容，你要让孩子感受到你的爱心、你的关怀、你的期待。

做智慧父亲

8 "坏父母"有时也让孩子爱

旭东教育微论

我遇到过一位妈妈,她对儿子特别疼爱,每天又搂又抱的,父亲基本不管儿子。结果呢,这个男孩子喜欢和女孩子一起玩,不爱和男孩子玩。参加孩子们的聚会,这小男孩总跟着小女孩后面转,她们都很烦他,班上男生也不喜欢他。父母要注意培养孩子的性别意识,尤其妈妈不要太溺爱儿子。

给一个杂志点评了一篇作文,孩子在作文中希望爸爸能蹲下来和她说话。但现实生活中,很多父亲都不喜欢蹲下来和孩子说话。面对孩子的要求,有的父亲表现得很不耐烦,甚至孩子一和他说话,他就很生气地呵斥孩子。蹲下来和孩子说话,不用俯视的姿态来对待孩子,让孩子感受到父亲的亲近、和善和真爱吧。

在家庭教育中,父母一般扮演的是正面的角色。比如说,父母往往是刻苦学习长大起来的,而且辛勤工作,认真做人,处处都是孩子的榜样。而且父母总是要求孩子听话,通常扮演教育者的角色,叮嘱孩子这个要遵守,那个要牢记。

在我们家里也是如此。大部分时间里,我和爱人都在孩子面前不苟言

第三辑 爱也是给孩子自由

笑,即使开一些玩笑,也会尽可能地避开孩子。每次女儿下午放学回家,爱人都会安排她先写完老师布置的作业,然后才能让她自由地玩耍一会儿。吃过晚餐,我们一家人出去散散步,回到家里,爱人又要让女儿弹一个小时古筝,或者听听英语,练练芭蕾动作。

每当女儿学习或弹古筝时,我和爱人一般也是一起学习。爱人在主卧里读书,写自己的读书笔记;我呢,在书房里,读书,写作,有时候整理一些书信,回复一些约稿和邮件。只要女儿在家,我们几乎从来不看电视。女儿看到我们这样刻苦学习、工作,她对学习也不厌倦,也不懈怠,弹古筝时很投入,写作业时很认真,听英语磁带时很专心……在我们家里,应该说,我和爱人,作为父母起到了很正面的教育作用。应该说,女儿的好习惯已经初步养成,完全进入了比较自觉的成长阶段。我和爱人现在也不太需要老叮嘱她做什么了,她自己总会比较好地安排和完成自己该做的事情。

有一次晚饭时,我们和女儿聊天,她说:"我们班上的调皮捣蛋、不爱学习的男生,天天谈植物大战僵尸,而且他们一下课就到学校门口的报亭里去买僵尸扑克牌。"我说:"网络游戏很耽误学习的。"爱人也说:"网络游戏很害人,好多孩子就是沉湎网络游戏,不但没心思学习,还把眼睛搞近视了。"女儿还说:"是呀,我们班的小强就是玩电脑游戏,都戴上厚厚的近视眼镜了。"我说:"看电视和玩网络游戏也不可怕,不影响学习就行。"女儿噘着嘴说:"你不是说,坏孩子才看电视、玩游戏,而且看电视多了人都会变傻呢。"听女儿这样一说,我和爱人都乐了,不过,女儿的话让我陷入了思考。等女儿去听英语时,我对爱人说:"你不是也很喜欢网络游戏吗?我们也不要让女儿完全远离电视和网络游戏,也可以在

周末的时候,做一回'坏父母',让孩子也跟着疯狂地玩一次。"

那个周五下午,爱人开车带女儿回家了。女儿一进门就开心地说:"终于到周末了!"我拥抱了一下女儿,对她说:"你想不想疯狂地玩一次呀?"女儿听了很惊讶地看着我:"不做作业了吗?"我伸出手,与女儿拉了一下勾,说:"今天不用做作业了,妈妈带你玩植物大战僵尸!"听了我的话,这一下,女儿真的是惊讶得张大了小嘴巴。但她还是满怀疑惑地看着她妈妈。爱人笑着拉着女儿的手进了主卧,然后拿出了藏在衣橱里的iPad,一起玩起了植物大战僵尸。女儿可开心啦,我在厨房里烧饭做菜,都能听到女儿和妈妈不时开心的哈哈笑声。我特意把烧饭做菜的节奏放慢一些,等她们痛快地玩了一个多小时,才喊她们吃晚饭。吃完饭后,我笑眯眯地问女儿:"你还想不想玩电脑游戏呀?"女儿大声地说:"想!"我说:"那爸爸也陪你一起玩,我们一家人今天晚上玩个够。"于是,我们匆匆忙忙地把碗筷收拾了一下,女儿就和妈妈一起坐在地毯上,玩起了植物大战僵尸,而我呢,也打开了电视机,看起了体育节目。

女儿和她妈妈玩得很投入,我对她们说:"今天,我们一家人都是坏孩子!"女儿做了一个鬼脸,对我说:"爸爸,你才是坏孩子呢!"我对她说:"那我这个坏孩子,可不可爱呀?"女儿说:"可爱!"以后每到周末,我们都会让女儿痛快地玩玩,而我们也不再一本正经地在孩子面前做"好人"了。女儿的学习呢,反而也没有受到影响!

第三辑　爱也是给孩子自由

9　开学第一课：学会忘记

旭东教育微论

> 我们很多所谓长者的爱都是强加给孩子的，不是长者自然的关怀和爱。在很多家庭里，爸爸妈妈觉得生了孩子，就等于自己在孩子面前拥有了绝对的权力，因为他们给予了孩子生命，似乎孩子永远要感激父母，要回报父母，却没有想到：父母生了孩子，就要担负责任，就要付出应该付出的爱。
>
> 武汉某中学宿管员百分之三十都是陪读的妈妈。其实，陪读妈妈何止在中学有，一些大学生也有妈妈陪读。"陪读"反映了很多人不懂得如何去爱孩子，不懂得如何去做父母。"陪读妈妈"是中国家庭教育的一个畸形儿，是父母不理解教育要义造成的。"陪读妈妈"大都不懂教育，缺乏常识，也很可怜。

不知不觉，一个暑假就要结束了。这几天，女儿不太主动出门玩，而是一直坐在自己的房间里忙碌。她告诉我们有好几件事要做：第一，她要检查一下老师布置的暑假作业，看看有没有差错，也核实一下班主任特别给她布置的其他事情，看看是否都做完了。第二，她要赶紧把自己计划暑假完成的班级小说写完，她说不能拖到开学后写，那样就没有时间好好写了。第三，她还要画几张卡通画，开学后要给班上几个"死党"看看她暑

假自学卡通画的成果。第四，她还要抓紧时间学英语，她妈妈要求她暑假学《新概念英语》，而且要背诵一些课文，她很喜欢，觉得学英语还是不错的。她也希望新学期开始后，在英语学习上更加自信一些。过去，语文和数学每次测试她肯定是班上最好的，英语偶尔还会丢一两分，她希望以后每次英语测试，都能得满分。

看着女儿那么忙碌，我开玩笑地对女儿说："你别那么拼命呀！该玩还得玩。再说，这几天不玩，以后就没机会了。"她说："就忙两天，一开学反而轻松了。"女儿的话让我感到很惊讶，就说："开学不是很累吗？又要上学了，多累呀。"女儿笑了，说："别想太多，开学就轻松了。"女儿是那种比较会管理自己时间的孩子，她的自制力比较强，不是那种一玩就控制不住，什么都忘了的孩子。在她的心目中，学习和玩耍好像同样重要。有时候，我觉得她好像太懂事了，应该淘气一些，但她会说："太淘气了，就控制不了自己。"而且她还会说："你们当老师的都喜欢乖孩子，可我既不想做乖孩子，也不想做淘气的孩子。"女儿这种听起来很好笑的话，让我觉得她有自己的主见。

昨天晚餐后，我和女儿交流开学的感受，问她要开学了，有什么想法。女儿说："我要忘记过去。"听了女儿的话，我故作惊讶地说："过去怎么会都忘记呢？"她说："过去当然不可能都忘记，我的意思是，开学了，上个学期过得快乐也好，过得不快乐也好，考试成绩好也好，考试成绩差也好，都要忘记，不要太在意过去，应该想想新学期该怎么办。"女儿的话让我很受启发。的确，无论过去是学习顺利，还是遇到了挫折和困难，孩子们都应该轻装上阵，不要给自己背太多的包袱。我们大人也应该这样，无论过去成功或失败，都不要过分纠结。女儿这个学期就读六年级了，想想过去的五年，她取得的成绩还是蛮显著的，考试成绩每学期都名列前茅，获得区级三好学生称号。女儿做班委很认真负责，深受老师们信任。暑假时班主任家访，曾动员她做班长。女儿在同学中也很有威信，算是一个"孩子王"。她还爱绘画、写作、唱歌、跳舞和弹琴。她的绘画作品几次都在全国比赛中获奖，还在《文艺报》和《意林》等多家报刊发表过画作，也获得了《意林》杂志"小画家"称号。她写的童话和作文，发表在20多家少儿报刊上，其中《少年儿童故事报》和《东方少年》还整版介绍了她和她的童话。她参加学校里的合唱队，获得了北京市艺术节比赛二等奖。她跳芭蕾和拉丁舞，还多次参加过区里和学校里的比赛，获得过优秀奖。她弹古筝，过了十级，也在中央电视台少儿频道表演过。她五年级开始学钢琴，老师说她进步很快，比别的学了两三年的孩子都弹得好，能弹十多支名曲了。在体育方面，她发展得也很好。在女生里，她是体育成绩优秀的少有的几个学生之一，而且她还带领班级女生参加学校的跳绳比赛，获得了第一名。应该说，女儿取得了很优秀的成绩，是学校里一个综合素质很高的学生。但她一点儿也不骄傲，也不希望我们总谈论她的成绩。放暑假的时候，社区里有些同伴会问她考试成绩，她总会轻描淡写地说："还行。"她和隔壁同龄的女孩一起玩时，也从来不炫耀自己的学习成绩或其他特长。有一次，她妈妈和她讨论学习话题，她说："班上有些同学爱玩，上课不认真听讲，所以学习成绩才差一点儿。其实，老师布置的作业也不多，只要认真写，一个小时都可以写完，但是我们班总有几个同学拖着作业不做，这样学习成绩肯定要掉下来。"还有一次，我和同

事聊天，聊到女儿的成绩，女儿知道后对我说："大人们总关心成绩，不太关心我们是否快乐。孩子成绩好，大人就会觉得脸上有光。孩子成绩差，大人就会觉得丢脸。可是，每次第一名只有一个，而且学习成绩差有很多原因。"

女儿的话让我想了很久，尤其是她说过的"忘记过去"。我们这些做家长的，对孩子要求往往很高，对自己要求倒是很低。而且很多家长都只盯着孩子的成绩，不太关注孩子的心理，尤其不在意孩子在成长中遇到的问题。女儿说的"忘记过去"，对我是一个提醒。新学期，我首先要做的就是，无论孩子过去的成绩如何，或者她的素质和能力怎样，对孩子总是要多鼓励，激发孩子向上的潜能。女儿在过去的五年中取得了进步，那也是过去的事，以后的成长进步，还要我们一家人共同努力，互相促进。

在这里，我也想给自己的同龄人，给家长们提个醒。开学了，我们要关注孩子们上的第一课是什么。当然，我们自己也要给自己上好第一课。作为家长，我想开学时我们应该做的是：第一，新学期来了，辅导孩子尽量完成暑假作业和一些应该完成的事情，同时，也做一些预先教育，尽可能地了解孩子的课程，学习相关知识，以便在孩子遇到学习困难时，能第一时间给予辅导。第二，每个孩子都有一些不足，作为父母不能总挑孩子的毛病，更不能总是拿过去的毛病说事。金无足赤，人无完人。要学会做一个宽容而智慧的家长。

相信开学的第一课，孩子们一定能上好。也相信我们做家长的，一定也能上好开学第一课。

10　鼓励孩子独立思考

> 独生子女政策给家庭教育带来一个很大的难题：家庭里所有的成年人都把希望寄托在独根苗身上，也意味着小小的独根苗从一生下来就开始背负起沉重的压力。很小时，爸爸妈妈、爷爷奶奶和姥姥姥爷都在教育他，都试图给他各自认可的知识、价值观和世界观，孩子很小就被灌输，就被控制，就被压抑。
>
> 现在，很多"伪教育观"流行，并被很多家长认可。比如说，爱撒谎的孩子最有出息。孩子偶尔撒谎，可能只是游戏心理或一时没认识到撒谎不好。但爱撒谎就可能会影响到人格和精神的发展。一个爱撒谎的人，到了集体中是很难获得大家认同的，至少难与人合作。在教育问题上，大家不要走极端。

进入小学五年级后，女儿班里出现了一个很值得注意的现象：班上有相当一部分学生不认真写作业。每次语文、数学老师布置作业，他们都不是自己独立思考地写作业，而是抄作业。有几个同学的父母给孩子买了语文和数学的教师参考书，还在外面的培训班里购买了学校里肯定会考的试卷及答案，孩子根本不用认真写，第二天早上提前十分钟到学校，就可以

把答案抄好。女儿几次对我和她妈妈讲述了班级里发生的这件事，我觉得这是一件比较严重的事，应该告知班主任，让她提醒全班同学，并立即通知家长，加强对孩子们的学习的关注和指导。我还对女儿说："无论别的同学如何，你都要勤奋好学，独立思考。千万不要投机取巧，那样会害了自己。"

女儿很赞同我的看法。她说："我的每一份作业，都是自己写的。有时候老师布置了难一点的题目，我有两次只得了99分，但他们都得了满分，可我还是不会抄的。抄标准答案省事，但会害了自己。等期末正式考试了，老师监考严格了，他们肯定得不到高分的。"女儿还对我说："爸爸，这种事千万不要告诉班主任老师，同学们会觉得我多事，而且都会恨我的，说我是叛徒。我们班上有几个男生最怕学生向老师反映情况了。而且我觉得时间一长，老师总会发现的。"听了女儿的话，我觉得有道理。别人家的孩子，的确轮不到我们来管。作为家长，我们只对自己的孩子负责，别人的孩子是应该由别人来监管和教育的。

由这件事我也想到了女儿班上发生的另两件事。一件事是在学《小英雄雨来》这一课时，语文老师兼班主任贾老师课堂上提问同学，问问大家对这篇课文有什么感想。女儿站起来说："贾老师，我觉得李大叔不值得尊敬，他不是一个英雄，是狗熊！"贾老师听了很惊讶，她没想到女儿会这么看待李大叔，就说："你能说说你的理由吗？"女儿说："日本鬼子进村了，李大叔应该保护村里的妇女和孩子，可是他竟然还要雨来搬开大缸，自己躲到了地道里。他不顾村里的妇女和雨来等孩子，自己躲起来，至少不是男子汉。"女儿一说话，贾老师不知道如何回答才好。放学回家后，女儿给我讲了语文课上的经历。我对女儿竖起了大拇指，说："你敢于独立思考，说出自己的看法，爸爸为你感到骄傲！"

另一件事是班主任老师开了一个"我来讲真话"的主题班会。有些同学都讲老师的好话，但女儿却给老师提了两条意见：一是老师上课尽量不要拖堂，二是语文课的课文没必要篇篇都讲。放学回家，我问女儿在班会上说了什么，她如实告诉了我。我觉得女儿做得对，有真实的想法，就应该说出来，没必要故意讲好听的话。于是，我对女儿说："爸爸支持你！应该把自己的想法告诉老师。"

现在，有些家长在教育和引导孩子的时候，不太注意一些原则性的东西，把诚实做人、独立思考等基本的准则放弃，这是很可怕的。如果小小年纪就弄虚作假，就投机取巧，故意讨好老师，长大了，孩子怎么能成为有思想有人格的人呢？

 [第四辑]

积极发展孩子的兴趣

兴趣是最好的老师。如何培养孩子兴趣？很多父母以为只要天天叮嘱孩子做作业，认真听课，就会有兴趣了。兴趣的培养，一需要鼓励，二需要启发，三需要指导。孩子喜欢做什么，不要过多干涉，更不能强行干扰。只要孩子不做坏事，就不要随意指责。

1 让女儿去跳芭蕾舞

旭东教育微论

提高孩子的艺术修养，的确需要家庭有艺术氛围。如果父母没有能力指导孩子学音乐、绘画和舞蹈，但孩子有兴趣，那么，父母就要尽可能地多给孩子创造学习艺术的机会。

女儿很喜欢芭蕾舞。在周末或假期看电视的音乐舞蹈节目时，女儿一看到跳芭蕾舞的就很着迷。今年她七岁了，我想也应该让她上个舞蹈班了，就问她想学什么舞蹈。她说："我想一想。"因为她同班有一个小女孩在学跳国标舞，也参加了很多比赛，获得了很多奖，她很羡慕人家呢。

不过，暑假的时候，女儿下决心似的对我说："爸爸，我想学芭蕾。"我说："这次你确定要学芭蕾啦？"她很认真地点头说："嗯。"女儿告诉我，她读了一本书，就决定跳芭蕾舞了。我把那本书拿过来一看，原来，她读的是"皮卡西随身绘本"中的《我的第一次学舞蹈》。《皮卡西随身绘本》是一套德国袖珍小绘本，很像我们小时候读过的小人书。不过，德国人制作得非常精美，内容也很适合孩子。其中的"我的第一次"系列，

就包括了《我的第一次去农场》《我的第一次去海边》《我的第一次上幼儿园》《我的第一次住院》《我的第一次坐飞机》《我的第一次演奏音乐》《我的第一次做比萨》和《我的第一次学舞蹈》等八册,内容都是有益于儿童认知的,特别适合幼儿园和小学中低年级的孩子阅读。《我的第一次学舞蹈》这一册讲的是女孩子科妮想去学芭蕾,并在舞蹈学校体验到了学芭蕾的快乐的故事。女儿很喜欢,她也像科妮一样爱上了芭蕾。我和爱人看女儿的确很想学芭蕾,就和少年宫的老师联系,但区里青少年活动中心告诉我们,芭蕾舞班暂时开不起来,因为老师不够,不过,现在有一个艺术形体训练班,而且老师建议女儿去上,说这也可以塑造体形,锻炼身体,等到芭蕾舞班开起来了,也打好了基础。

于是,从暑假起,我们就送女儿去了艺术形体班。到了十月底,青少年活动中心的老师告诉我们,芭蕾舞练习班开起来了,让我们送女儿去。女儿听了非常高兴,我和爱人也很开心。女儿学得可认真啦,刚开始时老师是让她站在第二排练习的,她的表现不是很出色,但经过一个多月的训练,她很快就适应下来了,并成为班上很优秀的孩子了。老师很喜欢她,说她是学得很用心,进步快的孩子。

前几天,女儿对我说:"爸爸,要是我学习成绩不好的话,我就专门学芭蕾了。可惜,我学习挺好的。"听了女儿的话,我和爱人都笑了。我们明白女儿的意思,她很喜欢芭蕾。不过,因为她认为自己学习成绩优秀,所以还是想把芭蕾当作业余爱好。我对她说:"学芭蕾的人,并不一定是因为学习不好才学的。要学好芭蕾,还是要喜欢它,而且要付出努力,认真练习,才能学好。"

2 鼓励女儿画画

> 温州市一对夫妻因粗心把幼儿锁在车内,在儿子面临生命危险时,不愿意砸窗,还说:"车可是新的。"这个事件再一次证明,很多人只会造人,不会养人。对孩子缺乏爱心和责任,是不配做父母的。鲁迅曾撰文《今天我们怎样做父亲》,今天读起来还是极有意义的文章。
>
> 有本书名叫"最好的教育是陪伴",但我觉得还要加一个词——"引领"。儿童教育不但要陪伴,还要引领。在家庭里,父母陪伴孩子,以亲子的温馨情感来感染孩子,和孩子一起体验、感悟和学习,无疑是对孩子心灵的呵护。但父母还要有对孩子成长的引领力,教育不仅要平等待人,还需要感染力和召唤力。

女儿喜爱画画。上幼儿园时,我就发现她喜欢画画,我们给她读一些图画书,读一些插图精美的童话和儿歌图书时,她不但爱听我们讲故事、读故事和诵儿歌,也很喜欢翻看书上的图画。我和爱人发现她对图画很感兴趣,就着意培养她的绘画能力。

于是,我和爱人就买了一些蜡笔、油画棒和铅笔等画具,让女儿学会画一些基本的图形。先教女儿画一些圆,一些方形,再教她画一些水果,慢慢地，她构图能力有了很大提高，自己能拿着铅笔或蜡笔在白纸上画出各种图形，而且能够模仿图画书、童话书和儿歌书上的图案，画一些太阳、月亮、星星、苹果、花和小草等图形，还逐渐学会了画小兔子、小猫、小狗和小老鼠等小动物。她每一次绘画都很专心，一笔一画，画错了就用橡皮擦掉，颜色用得也很准确，图形也画得很形象很贴切。我鼓励她，常常夸她是小画家。

她四岁时，我和爱人商量让她参加一个美术班，跟一位年轻的女老师学画国画，没想到，她画了一个月，就能画出很像样子的蔬菜水果图、红果图和小鸟图了，而且用笔很到位，很有天赋，也很有悟性。老师姓梁，很喜欢她，每次我爱人去接女儿，都会对我爱人说："你看，你家扬子，画画时认认真真，很专心，不像别的小朋友，坐不住，左摇右晃的，她总是很认真地画，画出来的也总是最好的！"爱人听了很高兴，回到家里告诉我，我也很高兴。于是，有一次我们特地早点儿去接女儿，想看看她画画时到底是不是专心致志。我们悄悄地爬上了教学楼，伸长脖子朝教室一看，女儿果然特别专心，画画的样子，让人看着都疼爱极了。梁老师指导得也很认真，每次讲课和示范都很专心，很耐心，很适合孩子接受。

可惜的是，女儿跟着梁老师学了不到半年，梁老师怀孕要生孩子了。梁老师是"北漂"，没有北京户口，这边亲人又少，不得不回山西老家生孩子，而且她说可能以后就不会再来北京创业了。于是，我们只得和她告别。后来，我和爱人还想送女儿去梁老师教课的培训中心学画画，可惜见了几位绘画老师，都不如梁老师，于是，我们自己到书店买了一些教孩子学绘画的书，让女儿在家里学着画，没想到，女儿的绘画水平越来越高。

有两位儿童报刊的编辑到我家来向我约稿,我让她们欣赏了女儿的绘画,她们都感到很惊讶,说:"这些画,完全达到了发表水平!"我爱人就让我帮着女儿投了稿,没想到《儿童大世界》杂志在封三还做了整页介绍,刊登了女儿四幅蜡笔画和一张照片。上海的《幼儿画刊》也刊登了女儿四幅花卉图和蝴蝶画。《文艺报》的"儿童文学评论"专刊还选了女儿两幅画做刊头呢。

最近,我整理了一下女儿学画画的成果,发现她三年级时的绘画还在全国比赛中获了优秀奖,还获得过《意林》杂志小画家的称号!

3　积极发展女儿的兴趣

旭东教育微论

　　新学期开始了，很多家长开始忙碌。要接送孩子上学，是很费力的。关键是，还要辅导孩子学习，要督促孩子养成良好的学习、生活习惯。独生子女政策，让家长有了更大的教育责任。对于孩子，家长作为启蒙老师、终身老师和陪伴者，有着不可忽视的作用。无论教育环境如何，做智慧的父母更有意义。

　　今晚和朋友一起聊天，谈起家庭教育，谈起孩子，有个一致观点：无论你我怎样，少了你我，地球照样转；但家里如果没有你我，就不行了。其实，在哪一个单位，在哪一个领域，少了谁不行呢！但在家里，要是孩子没有了爸爸或妈妈，行吗？所以，再忙再折腾，也要关心孩子。

　　暑假来临，爱人正好与单位的同事去西北考察，于是，留下我和女儿待在家里。这个暑假，自然不会是非常闲的。我们虽然没有给女儿报奥数班、作文班等各种培训班，但也根据女儿的兴趣爱好，让她参加了社区里的一个书画班。

　　女儿喜欢书画，幼儿时就表现出了对绘画的爱好与天分。记得女儿两岁时，好多小朋友都画不好一个圆圈，但女儿能够一笔就勾出一个很圆的

第四辑 积极发展孩子的兴趣

圈圈，而且能够画出土豆、萝卜、太阳、月亮和星星等形象，并且构图也不错，很有整体感。所以，在入幼儿园之前，我和爱人就经常带着女儿一边看图说话，一边利用手边的婴儿图书，教女儿画一些简单的图画。记得那时候，我经常拿着《婴儿画报》《幼儿画报》，从里面挑选一些比较可爱的动物形象，如嘟嘟熊、火帽子公鸡等，让女儿用彩色蜡笔来描绘这些形象。女儿很喜欢，每次描得都很像，一点儿都不比那些小学生画得差。

入园后，幼儿园安排了一些手工课和绘画课，女儿特别喜欢，每次都很认真，做出来的卡片和捏出来的泥塑人，都会受到老师的表扬。为了鼓励她，并发展她这方面的天赋，我经常利用家里的一些材料，来促进她艺术能力的提高。比如说，我会收集一些硬币或者一些旧衣服的扣子，然后用它们来拼一些动物图案。所以当我和爱人在读书、写作时，我就可以让女儿自己坐在床上拼图。她用一小堆硬币，能很快拼出一个大白兔或小狗的图案。有时候，她会堆积木，拼出各种各样的房子或动物图案，比积木说明书上介绍的图案还要奇特。

上一篇也讲到，女儿四岁时，我们曾经让她参加了一个绘画辅导班，那位年轻的女老师很负责任，也很会教孩子。女儿跟着她学了两个月国画，就有很大进步，能够画出小鸟这样复杂的图画来。可惜的是，女老师很快怀孕了，变成了大肚子的准妈妈，回老家生孩子去了，所以我们也就没有再让女儿进绘画班。不过，我和爱人去王府井新华书店买了几册儿童绘画入门书送给女儿，让女儿模仿着书上的绘画方法来自学。女儿很自觉，学得很认真，那几册书的图画，她都做了临摹的功课，而且还自己创作了一些绘画作品，我拿给朋友们欣赏，她们都说达到了发表水平。

女儿可以说是一位真正的小画家了。但我告诉她不要骄傲，要继续努力。让我欣喜的是，女儿从来不觉得自己有多么了不起。今年暑假，我问女儿："你想上什么培训班吗?"女儿主动说："我想上绘画班。"于是，我带着女儿进了社区的书画班。这个绘画班的辅导老师姓王，是北京育才小学的一位美术老师，他的教学方法很灵活，基本上是让孩子自己喜欢画什么就画什么。老师可以说只是提供各种工具，偶尔会指点一下，女儿在书画班学写字、绘山水、画人物，玩得很开心！

现在，我和爱人不但让女儿学习绘画、弹古筝，还让她学跳芭蕾、健美操，同时，积极地让女儿参与社区里组织的儿童游乐活动。女儿性格变得更活泼了，而且做事情也更有耐心和毅力。

第四辑 积极发展孩子的兴趣

4　让孩子学自己喜欢的

> 旭东教育微论
>
> 翻阅了几本出版社送来的家教类图书，说实在话，有些不敢恭维。但家教类图书需求量很大，为何？很多家长缺乏教育智慧，在对待孩子方面也很懒惰，不愿意用心实践，不愿意动脑筋、花精力去参与孩子的成长，去做真正合格的父亲母亲。因此，他们希望家教类图书给他们捷径，让他们省事。
>
> 孩子一般在学习、生活上遇到了困境，如果老师和父母不了解，没有疏导或帮助解决，孩子就会焦躁、抱怨，甚至发火。这个时候，父母应该主动和孩子交流、谈心，帮助孩子解决问题，让孩子恢复学习、生活的正常状态，让孩子重新得到自信和快乐。成长有很多烦恼，父母要善于感知。

今天上午，我去石景山少年宫观看了女儿的芭蕾舞表演，女儿像一只白色的小天鹅一样优雅地跳跃着，我很开心。女儿班上有十四位同学，她们跳得都很认真、很投入，在旁边观摩的家长，和我的心情一样，都充满着喜悦。

女儿参加芭蕾舞培训班已经有两年了，她的老师姓乔，是少年宫外聘的一位舞蹈老师，她教学很有耐心，愿意跟她学芭蕾的小女孩越来越多。

做智慧父亲

女儿上的课外辅导班不算多，我们从来不让她上什么奥数班、作文班和英语班。我始终觉得与知识培训有关的课外班，对孩子没有什么好处。孩子的学习还是应该尽量在学校完成，学校的课堂教学一定要有效果，不能把课堂应该学的知识，再拿到课外来学。现在很多孩子，家长都让他们周末报各种各样的学习班，我一个同事的孩子上三年级的时候，就开始上奥数班，父母每周六或周日，都要耗上至少半天时间，开车带孩子从石景山到木樨地的一个课外培训点去学奥数，孩子学得很苦，小小年纪就戴着深度近视眼镜。我还认识一位朋友，她为了让孩子小升初时，上一个好初中，在孩子上一年级时，就给孩子报了奥数班、牛津英语班和作文培训班。周末的两天，孩子从早到晚，都在外面学习，很辛苦。

我和爱人商量，女儿的学习，绝对不能走这样的道路。第一，我认为不能把知识教育看成唯一的内容。即使现在身处应试教育的环境，父母也不要完全跟着大环境走，对孩子的教育，一定要充分发挥父母的智慧，还要考虑孩子精神成长的需要。现在很多家长把分数看得很重，把课堂知识看得比情感和品格还重要，我不赞成这种教育思维。第二，我认为，一定要让孩子学习他喜欢学的东西。尤其是课外教育，不能当作课堂教学的延伸，应该把孩子从学校的应试教育中尽量解放出来。所以，女儿喜欢绘画，喜欢做手工，我会经常鼓励她画画，做点儿自己喜欢做的手工；她喜欢音乐，我就鼓励她参加学校的合唱队；她喜欢跳舞，我和爱人就鼓励她去少年宫参加芭蕾舞和拉丁舞培训班。因为女儿学的都是她喜欢的，所以，每逢周末，她从来没有因为要上课外班而痛苦，反而会很期待周末的来临。

第四辑　积极发展孩子的兴趣

记得女儿学古筝时，我们先让她上了几次钢琴课，后来问女儿最喜欢什么乐器，她说："学古筝的人少，我想学古筝。"她不因为别的孩子都学钢琴，就跟着学钢琴，我觉得女儿这种想法很好，于是我们尊重了她的意见。现在她的古筝弹得很不错，快达到业余的十级水平了。让女儿学跳舞时，本来我想，女儿会选择民族舞的，没想到她说："我喜欢跳芭蕾舞，芭蕾舞演员像天使一样。"我们又尊重她的选择，让她报了芭蕾舞班，结果她很认真练习，每次学完回家，还练下腰，练压腿，从来不怕苦和累。

女儿在幼儿园的时候，性格偏于内向，不怎么爱说话，在公共场所也不太大胆。到了小学一年级时，班主任老师还说我女儿上课回答问题声音不太大，胆子有点儿小。自从参加了课外的芭蕾舞和拉丁舞等舞蹈班后，她性格发生了很大变化，胆子大了，说话声音也大了，表达也很自然了，也活泼多了。这就是我很喜欢的。我想，如果让女儿上了她不喜欢的课外辅导班、培训班，即使她学了一些应试的知识，但她过得一定不快乐，而且有可能会失去开发她艺术潜能的机会。

想到这里，我为女儿自己的选择而感到自豪，也为她今天的芭蕾舞的表现而骄傲。每一个孩子都是天使，他们都有自我成长的智慧和力量，我们做父母的，一定要发现这一点。我们无法参与课堂教学，但课外我们应该鼓励孩子去做他们喜欢做的事情，相信他们一定会做得很好！

5 支持女儿学习钢琴

旭东教育微论

虽然大家都在批应试教育,但推动应试教育的恰恰是很多家长。不布置作业,不做试卷,家长会认为老师是带学生玩,不负责任。而且奥数班不允许开了,很多家长急得要死。体制出了毛病,学校出了毛病,但许多家长的教育观念,尤其是育儿观,也不容乐观。我就亲眼见到过家长对老师提出的种种应试要求。

有些家长认为,给孩子读课外书是为了提高作文水平。这是一种误区。读课外书,更多的是培养孩子好的读书习惯,培养好的阅读趣味,增强孩子的求知欲,满足孩子的好奇心。读课外书,尤其是读经典名著,不只是为了写作,更多的是让孩子感受美。如果仅仅为了写作文,那还不如直接看作文书呢!

去年暑假,女儿通过了古筝十级考试。按照一般父母的做法,女儿可以不学古筝了,因为业余考级成绩已经很高了。但如果将来要让女儿学古筝专业,那就要再请专业老师来进行指导,但女儿才十岁,她以后的发展面还很宽,机会还很多,没必要这么小就确定她未来的方向,应该鼓励她多学些她喜欢的东西。

我问女儿是否还想继续学古筝,她说还想学。她还说:"如果现在我

第四辑 积极发展孩子的兴趣

停止了,以后就会忘了。但我还想学钢琴。"我明白女儿的意思,就和她的古筝老师商量,请老师继续指导女儿弹古筝。我对老师说:"邬老师,她已经过了十级,没必要为了考级再学习了,以后你根据她的需要,设计一些曲目来指导她吧。"邬老师说:"以后我可以隔一周来指导她一次,弹一些比较复杂的专业古筝曲。一方面让她有所提高,另一方面也让她别忘了古筝,毕竟这是一种爱好。"于是,我和爱人商量,每隔一周请邬老师来指导一次,同时,也开始购买钢琴,让女儿学习弹钢琴。

刚开始时,我们把女儿送到离家稍微远一点的一个培训机构学习弹钢琴。这家机构的钢琴教师是中央民族大学的音乐系的研究生,比较年轻,而且有专业学历,于是,就让女儿去学。但女儿学了一个月,感觉这个培训机构的老师缺乏耐心,年轻的老师比较功利,教学很死板,女儿还反映她的钢琴老师总是哈欠连天,没精神,没朝气。我和爱人听后,就过去观察了一次,发现果然如此。学艺术,老师缺乏激情,没有耐心,是教不好学生的。于是,我们就重新给女儿找钢琴老师。

很幸运的是,我们社区边上正好新开了一家艺术培训机构,而且那里的钢琴老师是从德国留学回来的音乐硕士,人很精神,一看就像个学艺术的。我们让女儿跟着她学了两次,女儿回家说,老师很好,很有耐心,也很会教。就这样,我们让女儿进了这个培训班,跟着这位年轻的钢琴老师学习。老师很会教,女儿学得很认真,进步很快。现在她学了十个月,钢琴老师认为我女儿的钢琴水平已经达到了一般小孩子学两年多的程度,可以直接考三级了。我对老师说:"女儿这次学钢琴,完全是拓展性学习,她想弹钢琴,觉得钢琴和古筝有着不同的感觉和乐趣,因此对于考级的

话，只要她同意，就参加。"老师很支持。

自从女儿学习钢琴后，家里差不多每天都会有动听的钢琴的乐音。女儿虽然不经常弹古筝了，但她决心既不放弃古筝，还要把钢琴学得非常好。她说："钢琴表现力强，我特别喜欢。"我说："既然你特别喜欢，你就尽情弹吧。"

在女儿业余爱好方面，我们做父母的一直很支持女儿的想法。她爱绘画，家里有各种她需要的绘画工具。她有空了，想画画了，就会画几幅。她喜欢弹古筝，家里也有古筝。她想弹了，就会弹一弹。她喜欢跳芭蕾和拉丁舞，我们支持她继续跳，现在她跳得很好。她的课余时间，除了写作业、读课外书、写作，就是绘画、跳舞、弹琴。翻开她的成长纪念册，里面有不少奖状都和她的爱好有关。她喜欢跳舞，不但积极参加班级文艺活动，还在学校表演，也在社区表演。

通过学习音乐、舞蹈、绘画和写作，参加各种艺术活动，女儿的性格更活泼了，更有自信了，也更爱学习了。2013年，她被评为石景山区的三好学生。今年暑假，班主任又来家访，动员她竞选班长。

6 女儿是这样学好作文的

旭东教育微论

小学生写童话作文,写到了"长西瓜的树",有的老师觉得西瓜不可能长在树上,因此不给孩子的作文判高分。我觉得幼儿教育、小学教育的最大问题,恐怕就是把知识的准确性看得太重。其实,孩子的想象力比知识更重要。即使孩子在某个知识点上有认识的局限性,也不要打击孩子,而应该鼓励孩子。

从网络上看到一则新闻:南京某小学五年级语文老师,布置学生写一篇日记,主题是"秋天的树叶",规定在日记里写出"十个成语,十个动词,一句名言,一句歇后语,一句歌词"。这则新闻发表后,网络上出现了很多批评之声,纷纷谴责这位语文老师。我对语文老师这样布置作文,也不赞同,甚至很反感。

一篇"秋天的树叶"的日记,按说是绘景抒情的作文,用得着要用"十个成语"吗?另外,何必动不动就用歇后语和歌词呢?孩子们自己写作文,我们老师应该鼓励他们用自己的话来作文,而不是堆砌成语和名人名言。南京这位语文老师显然不懂作文之道,如此布置作文只会让学生越

来讨厌写作文。其实，作文课的目的就是要让学生有基本的文字组装能力，而不应该限制孩子的文字创造力。

我们让学生写记叙文，就是要让学生学会生动地讲故事；让学生写说明文，就是要让学生准确地描述事物；让学生写议论文，就是要让学生学会清晰地表达观点。但很多语文老师对作文的教学目标定位不准，甚至都不知道如何去教作文，如何去理解作文，所以不但缺乏基本的方法，还会布置一些"神题""怪题"，让学生不知从何下笔，也让学生家长无可奈何，甚至哭笑不得。

以"秋天的树叶"为题的日记，我想应该引导学生这样写：第一，是日记，就得告诉学生用日记的格式。第二，"秋天的树叶"最适合写成写景抒情的作文，因此，要以描绘为主，要描绘秋天的树叶的特点，尤其是要把秋天的树叶的美展示出来。在此基础上，展开对秋天树叶的联想，并表达对秋天树叶的感叹或喜爱。当然，在描绘秋天的树叶的特点和美时，也可以用对比的手法，把秋天的树叶和别的季节的树叶对比起来，这样描绘起来就更加立体，特点与美就更加突出。要写好这些，可以用自己的话，没必要引用唐诗宋词，更没必要引用成语、歇后语和名人名言。学生初学写作时，我觉得语文老师就应该告诉学生，第一要说自己的话，要写自己的话；第二要学会把语言写得生动活泼一些；第三要尽可能地把所见所闻多感写得比较完整，同时也要有重点；第四要把故事讲得完整一些。这些都是作文的基本原则，如果做不到，作文是很难写好的。

有些语文老师教作文时，不知道如何去教。他们简单地认为，引用了成语、歇后语和名言就有文采，其实，这恰恰是把学生引到懒惰和机械的写作上来。不愿意动脑筋，不愿意写出自己的语言，而是用别人的话来替代自己的文字创造，掩盖自己的懒惰，最终会使作文变味，形成枯燥乏味的"模式作文"。

记得女儿刚开始学写作文时，我鼓励她用自己的话讲故事。刚开始学写作文时，老师一般都会布置记叙文体裁的作文。女儿问我怎么写，我就告诉她：要用自己的话讲一个完整的故事。故事能够讲得很完整，就迈开了第一步。能够把一件事讲述得很清楚、很完整，再来学会讲得生动一些，吸引人一些，就不难了。现在很多家长和老师很急躁，学生一开始写作文，就恨不得学生能写得很有文采、很有思想。其实，刚开始时，能写得通顺，能把故事讲完整，就值得鼓励和肯定。女儿学写作文，就是从讲故事开始的。刚开始时，我让她写短故事，用一两百字讲一个完整的故事（包括童话）。渐渐地，我鼓励她写长一些的故事，写生动一些的故事。后来，她越来越喜欢写作了，还能创作出一两千字的童话，而且在二十多家少儿报刊上发表了作品。记得有好几次，语文老师批改女儿的作文，认为主题不突出，但我读了女儿的作文，觉得她笔下的故事很完整，读起来也很通畅，就对她说："语文老师希望你突出主题，但爸爸认为一篇记叙文，故事不完整，突出主题也没用。你把故事讲好了，讲生动了，自然就有了内容。"女儿听了我的话，到了三年级、四年级就能很从容地写好每一篇作文。

现在，打开女儿的作文本，可以说，里面找不到一句名人名言，她甚至都不刻意用成语和歇后语。当然啦，我最反对她动不动就引用唐诗宋词。所以，在她的作文里，无论是记叙文、议论文，还是说明文，都看不

到这些很刻意的词句。她读了很多名著，也爱写作文，她会用自己的话，也养成了用自己的话写作文的习惯。我相信，只要她继续坚持，将来一定能够创作出一些具有较高审美价值的作品来。

[第五辑]

引导孩子适应集体生活

独生子女性格差异很大,但他们这一代人和我们有一个很大的不同,就是不太愿意妥协。这并不完全是坏事,更不能说是性格不好。我们很多人不就是太能妥协,太熟谙中庸之道吗?独生子女一代人中,会有很多特立独行者。

第五辑　引导孩子适应集体生活

1　不责备女儿胆小

旭东教育微论

　　孩子的自信是需要保护的。在日常生活中，父母对孩子的信任要发自内心，不要处处以大人的标准来衡量孩子的言行。孩子有自己的想法，不要轻易否定孩子的意见，更不能打击孩子的积极性。

　　孩子的自信是鼓励出来的。父母在日常生活中，要多鼓励孩子，不要一出现问题，就责备孩子。甚至因为孩子一点点过错，就责怪孩子，咒骂孩子。把孩子当作笨蛋的家长，在教育方面，才是真正的笨蛋。他缺乏基本的常识，更谈不上有足够的耐心。没有一个孩子不会犯错，事实上，每个人都会犯错。

　　女儿现在已上小学，但回忆起她刚入幼儿园时，虽然没有什么趣事，但有一点一直让我们难以忘记。

　　那是六年前的八月，正是盛夏，女儿进了幼儿园。那是一家公立幼儿园，条件很好。女儿入园时，正好三岁。此前，我和爱人为了她入园也做了不少准备，首先是带她参加了亲子班，尽可能地和小朋友一起玩，而且在家讲故事给她听时，也会不自觉地把幼儿园的情况编进故事里。进了幼

125

儿园，女儿不哭也不闹。她们班有一半孩子不习惯幼儿园，有的孩子哭闹得很厉害，据说，她们班里有一个小男孩，因为老是哭，嗓子都哭哑了，老师用什么办法都不能阻止他哭，只好让家长带回家。女儿很乖，她用好奇的眼光看着周围这个新鲜又陌生的环境，仔细感受着周围的小朋友和老师的神态。她几乎不说话，只是静静地看着，跟着老师做活动，做游戏。每天傍晚，爱人去接女儿时，都会问："宝贝，你今天说话了吗？"她总是点点头。其实，我们从老师那里得知，她几乎不说话，在一些大大咧咧、哭哭闹闹的孩子中间，她总是显得有些胆怯。我心里有些着急，但也不能批评。我知道，女儿在小心翼翼地适应这个环境。她虽然不说话，但心里有数，她会慢慢地习惯和处理好与外部的关系。回到家里，我和爱人鼓励她主动和社区里的同龄孩子玩，给她讲故事的时候也注意互动，我们从来不责备她的胆小。

　　过了一个学期，女儿开始活泼一些了。老师说，女儿在幼儿园开始主动说话了，也愿意和老师交流了。

2 体操比赛掉了发卡后

> 一谈起教育,有人问教育首先要培养什么。我个人的经验,首先要培养孩子的自信。如果孩子刚开始学习某一门知识或一种技能时,父母就一味地批评、抱怨,甚至打击孩子,那么孩子就会有挫败感,就会失去自信。因此,鼓励对孩子来说,很重要。关注的目光里有爱,鼓励的言辞里有信任,孩子自会懂得前行。
>
> 昨天看央视对刘晓庆的访谈,想起二十多年前读过她写的《我的路》。她小时候爱运动,一直很阳光,敢于尝试,也很自信。这是很多人缺乏的品质。现在很多孩子性格脆弱,与小时候不爱运动有关。体质差,心灵也很难阳光。所以,孩子教育也要把运动重视起来,一定要让孩子爱好运动,热爱生活。

前天下午,我一走进家里,爱人就悄悄地对我说:"女儿哭了,哭得很伤心。"我问她为什么。爱人说:"女儿今天带着全班参加全校的广播体操比赛,她在做跳跃运动时,发卡掉地上了,女儿的头发一下子就乱了,她当时并没有弯腰去捡发卡,而是等体操全部做完了,才蹲下身子快速去捡发卡。结果呢,班主任老师就生气了,还当众批评她没有集体荣誉感。别的同学也跟着起哄,有同学说,班上没取得好名次就是因为女儿捡发

做智慧父亲

卡，甚至还有一位男同学责骂女儿。"

爱人下午接女儿回家时，女儿一坐进车里，就号啕大哭，并把发生的这一切告诉了妈妈。爱人听完了女儿的哭诉之后，就安慰她说："你做得没有什么大错。你捡发卡是在做完体操以后，并没有影响班级的得分。那位男同学骂你是他不懂礼貌，缺乏教养。"我也觉得女儿没有犯什么大错，何况女儿一直很有班级荣誉感，她做学习委员非常认真负责，经常帮助老师收作业、维持秩序，还帮助学习有困难的同学，是一位很热心的孩子。但作为家长，又不能在女儿面前说班主任老师的不对，影响老师的威信。那怎么来安慰和鼓励女儿呢？

我和爱人想了一个办法，等女儿情绪好点了，就让女儿写一篇作文，讲述一下体操比赛的过程。刚开始时，女儿不太情愿写，她说："体操比赛不好玩，我不想写。"我说："你可以写一写体操比赛你们班的表现，还有你在体操比赛中即使掉了发卡也认真完成体操表演的经过。当然啦，老师和同学们的批评你也可以写进去。不过，你可以谈谈自己的感受。比如说，掉了发卡，如果你当场捡的话，是有可能影响班级得分的，况且老师批评你也是为了班级好，你作为班干部，当然要带头了。"女儿听了，觉得我说得有道理，就开始写了。我看了女儿的作文，写得真好，她不但详细地叙述了体操比赛的过程，还讲述了自己掉发卡捡发卡的事，也在作文里表达了自己的看法，她希望老师和同学谅解她、理解她。通过写作文，女儿已经走出了掉发卡后挨批的不快，又愉快地开始了她的学习生活。

孩子成长过程中会遇到很多不快，甚至挫折，做家长的不能一味地批评孩子，即使有时候孩子犯了一些不应该犯的错误，也要尽可能地问清楚原因，看看孩子是否是有意犯错误，让孩子学会自己调整自己，自己安排自己的学习与生活。

3 相信孩子是一块玉石

> 今天小学生放假，我希望孩子们的寒假作业少一点，希望家长不要过分关注学习成绩单。孩子有一门课考得不理想，别骂，别打！帮助孩子提高，树立孩子的自信。学习成绩不是唯一标尺，考上大学未必成功！自信、勤奋、执着、有爱、敢于创造，才是做人的基本品格。
>
> 期末考试成绩出来了，面对你孩子的成绩。如果不太理想，你会怎么办？是不是狠狠地骂一顿，骂孩子不争气，骂他让你没面子，骂他笨……成绩总是有高有低，但孩子的成绩低，很多是因为缺乏引导，对学习兴趣不够，或者缺乏自信。对小学生来说，成绩差一截，很大程度上是学习习惯不好造成的。

旭东教育微论

女儿班上有个男生，是个贪玩好动，上课不认真听讲，也爱欺负女生的淘气鬼，老师经常批评他。有一次，女儿回家对我讲他的趣事，我说："你讨厌他吗？"女儿说："他学习不好，听说他爸爸妈妈经常打他，所以他就欺负同学。要是他爸爸妈妈不打他，他也不会打同学的。"女儿的话出乎我意料，也让我回味了很久。

其实很多所谓的"坏孩子"并不坏，只是爸爸妈妈给予的关爱不够细腻，或者说，有些爸爸妈妈对孩子的教育太粗暴太功利了，才让孩子紧张的心理难以得到宣泄。我曾在网上看到一则新闻，说一位妈妈因为六岁的孩子学习成绩不好，很生气，就使劲地拧孩子的耳朵，结果把孩子的耳朵都拧断了。看了这则新闻，我觉得这位妈妈很残忍，也非常没有爱心。自己的孩子，学习成绩不好，也不能拧断孩子的耳朵呀！再说，孩子学习成绩不好，十有八九是因为父母不关心孩子的学习，家庭缺失学习和读书的氛围。

在我们周围，每一个上学的孩子，都面临测验、升学的压力，都希望在集体中得到老师的关注和表扬，也期待爸爸妈妈能够理解他。可惜，有时候，老师也好，爸爸妈妈也好，只是看到孩子的缺点，而忽视了孩子值得肯定的言行。

不过，女儿的话提醒了我，我得理解她，鼓励她，尤其不要因为她一点点错误，就严厉批评她，甚至用拳头对待她。我相信女儿是一块玉石，用心雕琢一定会闪闪发光。

4 让女儿和同学玩耍

旭东教育微论

自从放假以来，昨晚女儿和邻居小女孩第一次一起玩耍。那个小女孩的作业很多，妈妈要她先写寒假作业，所以这十多天，整天不是关门写作，就是去上辅导班。女儿的寒假作业快写完了，只剩下数学老师布置的20道奥数题，我不让她做了，但女儿坚决要做，她说："你又不是我数学老师！"而作为父亲的我只是希望孩子寒假快乐！

今天中午，女儿同班同学的妈妈小冯打电话来，说她家的康强想到我们家里来玩。上周期末考试结束了，这周可以放松一些，所以让女儿多玩一玩也是应该的，于是，我爽快地答应了。

下午三点半左右，门铃响了，小冯带着康强来了，女儿很高兴。她很希望自己的同学能来家里玩，我和爱人也鼓励她和同学交往，尤其是和同班同学交往。女儿还有一个同班同学叫陈艺轩的，也住在我们社区里，我让女儿打电话也邀请她来玩，女儿给陈艺轩家里打了个电话，但有事来不了。不过，女儿和康强玩得很开心，他们先一起在走廊里跳绳，一起玩溜

溜球，过了一会儿，邻居的女孩子也来了，他们三个人玩得可开心啦，每一个人都出了一身的汗。

接着，他们又一起玩拼图，正好邻居女孩子家里新买了一个中国地图的拼图，就拿过来一起拼。他们认真地拼着，把每一个省的名字都记住了不说，还能说出哪一个省像什么样子。我觉得这种玩拼图的游戏也挺增长智慧的，除了让孩子们学会了直观认识图形外，还学会了一些地理知识，了解了中国的一些简单的国情。小冯在一旁看着，也很开心。

放假后，适当地让孩子玩一玩，是精神的放松，也是让孩子学会与别人如何相处的好机会。如果把孩子关在家里，不让她和别的孩子玩耍、交流，孩子的性格发展或许会受到影响，而且有可能将来不太懂得如何与人交往。当女儿的小朋友来我家玩，我鼓励女儿用自己的方式招待小朋友，女儿拿巧克力也好，还是拿别的东西也好，只要她觉得这种方式比较热情，就让她去尽情地招待别的孩子吧。

5 让孩子适应自己的角色

今晚朋友请客,一起来的还有她的英国朋友。这位英国朋友说,中国人在英国不太敢主动和英国人说话,可能是怕英语说不好,怕说错,其实没什么。想起前两天在《中学生报》上读过的一篇文章,那位在丹麦留学的朋友也说,中国学生不敢大胆表达,缺乏自信。因此我认为,从小树立孩子的自信,的确重要。

在孩子教育中,家长普遍有这种心态:都喜欢走捷径,都希望有一个直接的模式或者方案,能够让孩子一点也没有走样地完成成长,变成他们理想中的有出息的孩子。其实,无论是教育家,还是普通的家长,对孩子的教育,都是从零起步的,都属于白手起家。没有万能的方案,只有爱心和耐心最可靠。

这个学期已经开学好几周了。我并不知道班主任贾老师已经调整了女儿的班委职务,让她做班上的宣传委员。

我以为女儿还是班上的学习委员呢。所以,那一天吃晚餐时,我问女儿:"宝贝,你最近是不是还老帮贾老师收作业呀?"她说:"不呀,这个学期我解放了。"我感到很奇怪。上个学期,女儿担任学习委员,事情可多啦,经常帮老师收作业,有时候还帮老师统计成绩,忙来忙去的,差不

多成了几位科任老师的"小跟班"。女儿学习成绩很优秀,表现也很好,贾老师怎么把女儿换掉了?从女儿的神情里,我也感觉到女儿很不开心,就小心翼翼地问:"那贾老师让你当什么班委啦?"女儿不太高兴地说:"宣传委员。"

看到女儿不是很开心,我就不再问了。但晚上女儿睡觉时,我让爱人陪女儿睡前聊一会儿。女儿对妈妈说:"做宣传委员没什么事情做。"我知道为什么女儿不太开心了,原来女儿感觉到贾老师不太重视她,只给了她了一个"闲职"。女儿是一位很热心的孩子,爱为班级服务,也很有集体荣誉感。另外,她做学习委员也的确挑不出毛病,学习本身就好,也很守纪律,同时也协助科任老师做了很多工作,可以说是任劳任怨。但我也不好找贾老师问什么情况,心想:"不管贾老师是怎么想的,我都应该鼓励女儿把宣传委员做好。"

于是,我和爱人就鼓励女儿,好好做宣传委员,不但要做得比原来的宣传委员好,让贾老师感觉到你真行,而且还要干得比原来做学习委员时更认真。女儿听了我们的劝导,心情渐渐开朗起来。过了两周,实验小学正好要举行班级宣传小报比赛,每一个班级都必须要办一份特色小报参赛。这下,女儿可认真啦,她对我们说,她要办一份安全小报,让大家眼前一亮。我给她出主意,让她挑选了一篇很有趣的有关安全主题的童话,又挑了几首安全儿歌,还让女儿在网上搜集一些安全知识。女儿花了一个周末的时间,邀请几位同学,一起用五彩笔,又是画又是写,终于做好了一份版面漂亮、内容充实的安全小报。

又过了一周,比赛结果公布了,女儿带头主办的班级安全小报获得了第一名。那天,女儿放学回到家里,很开心地告诉我:"爸爸,我们班的安全小报获得了第一名。贾老师还在班上表扬了我们!"我对她竖起了大拇指,说:"爸爸就知道你们很能干!"晚餐时,女儿还告诉我,这次获奖可不简单,因为是她们班级第一次在全校小报比赛中获得第一名。过去,她们班级每次参加比赛都没有取得名次。这次,女儿带着几位同学一下子就拿到了第一名。我和爱人趁机鼓励女儿,说:"宣传委员也不是闲职,其实要干好还很不容易呢。"女儿说:"是呀,以后我要把班级的墙报和每月的小报都办好,争取每次都拿一等奖。"女儿果然付出了行动,干了半个学期的宣传委员,不但让班级墙报焕然一新,而且在每月的小报评比中,总是获得第一名。

有一天,女儿回家后告诉我,说贾老师在班上表扬她了:"谭扬子同学做什么都很认真,办报纸办得也漂亮,不愧是多才多艺呀!"

6 让不让女儿竞选班长

旭东教育微论

要过年了,很多父母都是身在外地,按照民俗要回老家过年。做父母的是不是在回老家过年这个问题上,征求过孩子的意见?有些母亲不喜欢回婆家过年,于是在孩子面前说奶奶家不好。这个问题,做父母的一定要思考思考。孩子需要健康的家庭之爱,也需要对家中老人正确的对待。

昨天是这个学期放假后的第一个周日,女儿的班主任贾老师来家访,让我们全家都很惊喜。记得上次贾老师家访时,女儿在上二年级,一晃三年过去了,女儿都长到了1.5米了。

贾老师把女儿这一两年在学校的学习情况和其他表现给我们做了介绍,还表扬女儿有集体荣誉感,善于组织同学活动,而且在学习上也起到了很好的表率。贾老师认为女儿踏实,做事情认真,无论是班级工作,还是文艺活动,都积极参与,取得了多方面的成绩。贾老师说了女儿很多的优点,最后她说:"希望谭扬子开学时竞选班长。"她还说:"四年级时,我就希望她竞选班长,也给她说了,可她没有竞选。"

贾老师的话让我想起了女儿对我说过的一些班级情况。她们班现在的班长是女儿的好朋友,也是个女孩子,是个很听话很乖巧的女孩,很得各科老师的喜爱,贾老师一直让她担任班长。但到了三四年级,随着学习难度的增加,这个女孩的学习不太稳定,尤其是数学不太理想,所以在同学中的威信有些下降。而女儿学习一直稳居前列,加上她很活泼,喜欢和同学们一起玩耍,而且写作、绘画、音乐、舞蹈等各方面都有特长,表现比较突出。好几次全校性的体育和艺术活动,女儿组织同学都为班级拿到了第一名。因此,到了四年级时,贾老师就想让女儿竞选班长,但女儿觉得原来的班长是她的好朋友,如果自己竞选,怕朋友伤心,于是,就主动放弃了,自己竞选了宣传委员。

到五年级时,班级再一次竞选班委,女儿依然放弃了。不过,那一次她主动参加了学校大队委的竞选,成绩和表现都很突出的她,不知为何落选了。得知结果后,女儿很失落。于是,女儿下决心到六年级再也不竞选班委了,她觉得做班干部没什么意思。了解女儿的想法后,我也支持她的做法。如果学校不给大家一个公平的竞争环境,做班委不但难以提高能力,反而还会受到心理伤害。所以我对女儿说:"下个学期你好好学习吧,把钢琴弹好,舞跳好,多读几本书,多写几篇好童话。"但这次贾老师又亲自家访,而且希望女儿下学期竞选班长,我和爱人也感觉到贾老师的一片苦心,女儿也适合担任班长,也应该抓住这个机会锻炼自己,于是,就做女儿的工作,鼓励她接受贾老师的建议。

做班干部,对孩子是一个锻炼能力的机会。不过,现在一些小学老师

做智慧父亲

对班干部的任免比较随意，有的班级选举也不太规范，很容易伤害孩子的自尊心和自信心。学校在选拔班干部时，应尽量民主、公平，让真正有能力，愿意为班级服务的同学站出来。作为家长，我们对女儿担任班干部没有什么功利心，只是觉得她愿意做，就鼓励她去做好。如果班级的确需要她来领头，我希望她不要辜负老师和同学们的信任，努力为班级做事，为老师分忧。我把我的想法对女儿说了，她爽快地答应了，说："下个学期一开学我就去竞选班长！"

听到女儿很爽快的回答，我对她说："试一试，即使当不了，也是一次锻炼。"

[第六辑]

做不打骂孩子的父母

父母都希望孩子成龙成凤。但每一个孩子的生命潜质是不一样的,而且所处的教育环境也不一样,因此他们的成长轨迹肯定有差异。但无论如何,父母要发现孩子的潜能,要激发孩子的动力,要找到孩子快乐的源泉,让童年的生命轻盈起来,飘逸起来。在压抑的环境下成长,再好的小苗也会长得歪歪扭扭。

第六辑　做不打骂孩子的父母

1　给女儿一些奖励

> 孩子是需要鼓励的，但很多父母喜欢拿自己的孩子和别的孩子比。比如弹琴时，有的妈妈会说："好好弹呀，你看人家谁谁，比你乖多了，用功多了。"很多父母习惯用这种口气对孩子说话，特别是在辅导孩子学习时，喜欢贬低孩子，挑孩子的毛病。那些在童年很少得到父母激励的孩子，心理都很压抑。
>
> 春节期间，不少家长喜欢带孩子参加聚会。请记住：一，千万别当着别人的面随意训斥孩子。二，别拿自己的孩子与别的孩子比，包括比成绩。三，为了自己的虚荣心，别动不动就让孩子表演才艺。四，有孩子在场，不要抽烟，不说脏话，不酗酒。五，成年人之间的交流应该让孩子回避。六，礼让孩子。

今天下午，我正在写作，女儿一回到家里就喊："爸爸，你不是说，我考试得第一名就要奖励吗？"女儿昨天已经开始期末考试了，昨天上午考的是语文，今天上午考的是英语，结果已经出来了，她两门课都得了100分。

一周前，我帮女儿复习的时候，和她谈起期末考试，我对她说："宝贝，平常作业有时候你会犯点儿小错误，期末考试不会吧？"她很果断地

说:"不会的!"过了一会儿,她突然对我说:"爸爸,我们班有同学说,如果期末考了满分,她爸爸会奖励100元的。如果我考100分,你会奖励我吗?"我说:"你本来就应该得100分的,不用我奖励的。"女儿说:"不行,你得奖励,这也算是鼓励我吧。"我看女儿挺认真的,也很期待得到我的鼓励,就说:"好呀,不管你是语文考了全班第一,还是数学、英语考了全班第一,我都会奖励的。"爱人在旁边听我答应要奖励,就接住我的话说:"考100分,我就奖励10元!"女儿哼了一声,好像不太满意,我就说:"你哪一门考试得全班第一,我都会奖励100元的!"女儿很高兴,大声地说:"那你就等着吧,我肯定要得第一的!"

看来今天女儿一定取得了好成绩。爱人也很高兴,她看着女儿的试卷也很满意。我们虽然也不是以分数来衡量孩子的,但孩子考得好,也应该给予鼓励,再说,我都许下了诺言,就应该兑现自己的承诺。于是,我当场拿出了两张100元的钞票,递到女儿手里,然后把女儿的手举一起来,高喊一声:"下面,给取得优异成绩的谭扬子同学颁奖!"爱人在一旁鼓掌,女儿高兴得蹦了起来。

给女儿奖励200元,这对于很多家庭来说并不可行。尤其是农村家庭的孩子,取得了好成绩,家长也不可能这样奖励。但有一点是要记住的:孩子取得了进步,要及时地鼓励。另外,在孩子面前许下的诺言,也要尽可能地兑现,让他(她)感觉你是守信任的人!

2 学会鼓励孩子

> 每一个孩子都有自己的秘密，如果孩子不愿意和父母分享自己的秘密，那他一定有自己的理由。不要对孩子的秘密过分好奇，更不能偷看孩子的日记。尊重孩子，意味着不但要小心呵护孩子的秘密，还要倾听孩子的心声。当孩子愿意和你分享某些秘密的时候，他是最信任你的！
>
> 按说计划生育实施以来，大部分家庭只生一个孩子，家庭教育的质量应该会很高，但事实上，许多家庭普遍存在着"小太阳"式的培育方式。在很多家庭中，生孩子很大意义上是种族的延续，并不是真正爱的结晶和爱的延续。真正对孩子的爱，一定是超越种族的延续，并且完全具有教育智慧和爱的智慧的行动。爱孩子，要有智慧。

远在广东的表妹发来微博私信，对我说，她的女儿现在有些叛逆。然后她告诉我，她的女儿现在读小学六年级，她有时候批评女儿，女儿却不听她的。而且表妹说她女儿很粗心，考试考得好时就有些骄傲。还说她女儿爱读动物小说，读了不少课外书，不爱运动，有些偏胖。问我该怎么办？

做智慧父亲

我对表妹说，你不要老挑孩子的毛病，应多鼓励孩子，不要一看到孩子一点点不足，就批评她。表妹的女儿学习很不错，一般都在班上前几名，但表妹看她考试出了点小差错就批评她，就表现出不满意的神色。其实，这样是不对的。孩子怎么会一点儿错误都不犯呢？更何况学校里考试很多，有些时候考得孩子都烦了，孩子怎么不会做错几个题目呢？至于孩子的粗心，其实大人不也常犯这个错误吗？我觉得表妹过分苛求孩子了。所以我一边提醒她要注意教育方式，另一方面也批评她不懂得鼓励孩子。在我们周围，有很多父母也喜欢批评孩子，总是用挑剔的眼光看着孩子，孩子有一点点不令他们满意的，就会受到家长的批评和指责，还有的家长甚至恶言恶语，甚至动手打人。

几天前，我去广州做讲座遇到一位家长，她流着泪对我诉说自己的儿子很叛逆，甚至还动手打自己的外婆，她认为儿子没救了。我一问详细情况，原来是这样的，这位妈妈是家里的独生女，从小就受到爸爸妈妈的疼爱，所以她长大结婚后，就一直住在父母家里，因此，她的儿子也一直跟着爸爸妈妈住在外公外婆家。外婆呢，有了外孙子，非常溺爱，也非常关心，但她并不知道如何去教育好外孙子，让他从小有好的生活习惯，只是一味地溺爱。等到上了小学，外孙子在学校好玩好动，不太遵守课堂纪律，学习成绩自然不太好。外婆每次看到外孙子成绩不好，就狠狠地批评他，认为外孙子笨，没出息。结果，等到外孙子上了初一，到了青春期，就跟外婆对着干。有一次，期中考试结束后，外孙子考得不好，排名靠后，外婆又忍不住批评她，外孙子终于忍不住了，随手拿起一个扫把就朝外婆打去，打得外婆的手都骨折了。出了这件事，外婆不但不反思，还在社区里逢人就说外孙子没良心，她白教育了。我听后，当然为这位妈妈伤心，但更为这初一男孩子担心。他之所以这样粗暴地对待外婆，其实是因为外婆一直挑他的毛病，一直压抑着他。如果外婆多鼓励孩子，多给外孙子一些成长的正能量，可能外孙子就不会那么过激，就不会那样和外婆闹对立了，更不可能打外婆了。

  这位妈妈问我怎么办？我对她说：首先你要和你妈妈好好聊聊，告诉她不能再挑外孙子的毛病了。第二，最好是和爸爸妈妈分开住，不要再让儿子生活在外婆的阴影下。第三，和儿子好好聊天，交流，鼓励儿子，另外，不要因为有爸爸妈妈可以依赖，自己就可以不管儿子。第四，让丈夫常和儿子一起玩，一起交流，孩子也需要父爱。当然，无论如何，对孩子要多鼓励。父母要善于发现孩子的优点，而不是总是习惯寻找孩子的缺点。其实，每一个孩子都有向美向善之心，都有向上的动力，都有成长的智慧，只不过有时候因为环境，还有自控力不太强，而做错一些事，浪费了一些时间，从而失去了一次追求完美的机会。但只要我们做父母的及时提醒，及时鼓励，及时地给予正确的引领，孩子一定会认识到不足，并克服困难，积极向上。

3 攀比让孩子很受伤

旭东教育微论

2013年西安市周至县一位15岁的姑娘被养父母安排出嫁。15岁的孩子，按照《义务教育法》，应该还在上初中。如果父母没让孩子上完小学、初中，就让孩子工作、出嫁结婚，那就是违法的，这在很多国家也是犯罪行为。不少家庭对孩子生命不尊重，父母养孩子的同时也伤害着孩子。许多地方对《义务教育法》的贯彻落实也不到位。

父母的陪伴，对孩子的成长是非常重要的。当然，陪伴，不只是生活在一起，还应该有父母的教育智慧。一个有教育智慧的父亲或母亲，他（她）的陪伴不但是分享孩子的成长经验，感受孩子成长的乐趣，而且还能够引领孩子，熏陶孩子，感染孩子，同时，也能起到榜样示范作用，达到和孩子一起成长的效果。

我是很反对家长把自己的孩子和"别人家的孩子"相比的，说句不好听的话，"别人家的孩子"再好，也是别人的。父母一定要看得起自己的孩子，要对自己的孩子有信心和耐心，才能让孩子不受心灵的伤害。

我有一个朋友，夫妻事业都很成功。她丈夫是一所著名大学的教授，她自己本来也是一个大学老师，十多年前下海经商，开了公司，发了大财，在北京有多处房产，可谓衣食无忧。但她对女儿的教育却并不算成功。

她女儿琪琪现在读高二，在北京一所不太起眼的高中上学，有些叛逆，不愿意听她的话。我们两家人聚会，每次她和我们说话时，她女儿都会表现出不以为然的态度，甚至还会经常戗她几句，让她在我们面前很尴尬。

为什么会出现这种情况呢？我发现了一个小问题。每一次我们谈到孩子时，她总会说她女儿哪里哪里不好，别人家的孩子谁谁谁都好。有一次，她问我："谭老师，你女儿最近芭蕾舞跳得怎么样？上次那舞蹈比赛获奖了吗？"我点了点头。没想到，她紧接着就说："我们家的琪琪就是懒，以前让她学跳舞，没跳几次，嫌累，就不愿意跳。现在好啦，既不会唱歌，也不会跳舞。"天哪！她说这话时，琪琪就坐在她身边，可想而知，已是大姑娘的琪琪当场就很愤怒，起身就要离席。我赶紧拉住琪琪，请她不要生妈妈的气。琪琪坐了下来，陪我们一起吃完了这顿饭，但后来再没说过一句话，也不正眼看她妈妈一眼。我和爱人孩子也在僵局中吃完了那顿饭。

其实这种情况在很多爸爸妈妈和孩子的聚会中经常发生。有些爸爸妈妈总是习惯性地把自己的孩子和别人的孩子比，尤其是把自己的孩子和别的所谓"优秀的孩子"比。特别是一些妈妈，总喜欢拿自己孩子的缺点和别的孩子的优点比。这种比较容易挫伤孩子的做人做事的积极性，也容易伤害孩子的自尊心，使孩子在别人面前没面子，在家里没尊严。每一个孩子都有自己的长处，都有自己的缺点，爸爸妈妈应该首先看到自己孩子的优点，及时加以鼓励，加以支持，使孩子获得家人的信任，这是很重要的。家庭之爱，父母之爱，不只意味着爸爸妈妈给孩子吃好的、穿好的、用好的，还应该在孩子很小时，就善于发现他的优点，同时给予充分的信任。物质的丰富并不能取代精神的鼓励和情感的交流。孩子一出现了困难和问题，要想办法帮助他解决。孩子有了缺点不可怕，能帮助他树立信心改正缺点，那才是最令人感动的。处处拿自家孩子和别人家的孩子比，会让孩子感觉到家庭没有温暖，父母缺乏爱心，也会使孩子更加走到对立面，更加反感，更加拒绝，更加叛逆。

很多青少年容易产生叛逆心理，一个很重要的原因就是对长辈不信任。这和家庭教育有很大关系。通常父母不尊重孩子，不细心地呵护孩子的自信心和自尊心，不保护孩子的独立性，孩子就会走到父母的对立面，成为父母眼里的"没救的孩子"。做父母的，一定要善于和孩子交流，观察孩子的生活，理解孩子的处境，遇到问题时要多为孩子考虑，那样的话，孩子不会是家里的"反骨"，更不是父母焦虑的对象。

4 孩子反感会让你觉得无辜吗

> 让孩子生活在一个乐观、宽容的家庭环境里是很重要的。父母如果整天愁眉苦脸、怨天尤人,那孩子的情绪也会受到感染。快乐的气氛,乐观的态度,是家庭给孩子正能量的基础。孩子不但期待父母给他好吃的好喝的好穿的,还期待父母给他们快乐,让他们生活在一个积极向上的家庭环境里。
>
> 寒假本来是孩子亲近大自然的好时机,也是孩子在社区里和小朋友一起活动的好机会。但雾霾打破了孩子的这种美好期待。足不出户,已经成了很多家长对孩子的要求。给孩子美好的人文环境和自然环境是成年人的责任。大家都知道,自然环境的保护,是对人民负责,更是对未来负责。

当父母在孩子面前说"别人家的孩子"怎么样怎么样时,许多孩子会非常反感,甚至暴跳如雷。

前些日子从媒体上看到,南方一座城市,一名高一女生离家出走,就是因为她母亲总拿她和邻居家的女孩子比,认为邻居家的女孩子各方面都好,而自己家的女孩则学习不好,又不听话不懂事,天天唠唠叨叨。有一次期末考试,女儿考得不好,母亲大声责备女儿说:"邻居家的女孩为什

么考得那么好,你为什么考得那么差?真没出息!"结果,当天晚上,女孩就离家出走了,害得父母到处找,多亏网络微博上的热心人帮助寻找,才把离家出走的女儿找回家。

可笑的是,这位母亲面对记者的提问,还一脸无辜,似乎女儿离家出走不是她的错似的。这位母亲可能还觉得自己责备女儿没有错,可能还觉得孩子就要听从父母的训斥。她不知道,女儿也有人格尊严,尤其是女儿都是高中生了,即使不说尊严,至少也要面子呀。难道她女儿不想学习好吗,不想变优秀吗?

通常,孩子青春期正处于心理断乳期,父母和孩子之间的沟通和交流是非常有必要的。如果父母不能平等地对待孩子,不能尊重孩子的个性和习惯,孩子就很难和父母说心里话,遇到问题也不愿意告诉父母,这时候,在家里就会出现严重的"代沟"。和一些家长交流,我有一个体会,一般在父母对孩子关心,平常相处融洽的家庭里,孩子也容易养成好习惯,学习也不会太差,性格也比较开朗。往往是那些不关心孩子日常生活,不顾及孩子成长感受的家长,会让家庭气氛很僵,而且孩子不听父母的话,加上父母不注意自己的言行,于是,孩子也难以养成好的学习和生活习惯。

其实,家庭教育是需要智慧的,并不是你生了孩子,就有资格做父母;也并不是你给了孩子足够的物质条件,就有能力做父母。做父亲做母亲,都要有方法,有智慧,尤其需要有正确的爱。所谓"正确的爱",一不是溺爱,纵容孩子的坏习惯;二不是打骂孩子,用严厉的方法来压抑孩子;三不是取代孩子的角色,在很多方面越俎代庖,让孩子成了生活中的

第六辑 做不打骂孩子的父母

边缘角色，而不是主角。"正确的爱"是及时对孩子的好习惯好行为进行肯定和鼓励，关注孩子取得的任何一点点进步；发现孩子有了问题有了困惑，帮助他及时解决；给孩子独立的生活空间和思想空间，尤其要让他保留自己的私人空间；不要随意去打探孩子的"私事"，要让孩子成为自己生活的主角。

如果你动不动就说"别人家的孩子"怎么样怎么样，不但达不到教育激励孩子的目的，反而会让你的孩子觉得父母缺乏智慧，家庭缺乏爱。这个时候，如果做父母的还觉得无辜，那就是十足的愚蠢了！希望父母在家庭教育中，不要犯这样愚蠢的错误！这样的错误一犯，代价其实很大很大。青春期是人生最美妙的季节，细心呵护孩子的青春，用正确的爱来关怀孩子的青春，收获的一定是了不起的果实！

5　做不打骂孩子的父亲

寒假到了，很多人会带孩子回老家过年，或者带孩子参加一些亲友聚会。你是否爱强迫你的孩子在亲友面前表演背诵唐诗宋词或表演歌舞，以获得亲友的赞叹呢？如果你的孩子不喜欢，你会不会很生气呢？如果你的孩子背诵得很流利，你就感到很有面子吗？在教育孩子的过程中，你有多少行动是来自虚荣心？

假期聚会时，很多家长喜欢晒孩子的成绩单，大都因为自己的孩子的成绩比较优秀。但孩子的学习成绩优秀，其他方面不行，就要引起警惕。孩子很少参加社区活动，也很少运动，对音乐、绘画、舞蹈等都不感兴趣，在课外阅读方面做得也不够，如果单纯顾着学习，那孩子的学习后劲一定不足。

有一次我去学校接女儿，看见了这样一幕：一位母亲一看见儿子出来，就问："今天考试怎么样？"儿子没吱声。这母亲知道儿子肯定考试又没考好，咬着牙，气得当场就拧住了儿子的耳朵。那个可怜的男孩子痛得哭起来。

旁边有几位家长也很同情这个男孩，纷纷劝说这位母亲。一位老爷爷在一边说："打孩子干吗呀！"我心里也很难受。但作为家长，心里也明白，我们没法去谴责那位家长，更不能直接去批评那位家长，只能站在一边心生一份对孩子的同情。想起我女儿曾经有一次小测试考得也不好，爱人很生气，使劲打了女儿一顿，那一次我很心疼女儿，后来，我和爱人为此还吵了一架。

说实在话，在女儿教育问题上，起初我们有过一些分歧。爱人有些急躁，容不得女儿有任何缺点。但我始终坚持一点，那就是不能打骂孩子，尤其是不能伤害孩子的自尊心，不能因为孩子一点点缺点和不足，而失去对孩子的信心。我和爱人交流了几次，两人终于达成了共识：不再惩罚孩子，更不能再打骂孩子。

女儿学校考试很多，几乎是每隔几天就会搞一次测试，所谓"三天一小考，一周一大考"，我算是真正见识了。女儿的语文、数学和英语老师布置的作业也不少，女儿每次做得都很认真，但有时候也会犯一些粗心的错误。每当看到她的试卷上出现鲜艳的"红叉"时，我都会对女儿说："这些小错误改过来就行，不要因此灰心丧气。"女儿听了，心里就不再紧张，而是很从容地查字典或者翻阅课本，自己思考一下，然后把错误改正过来。现在女儿做作业，再遇到难题，我们都会耐心帮助她一起解决，让她克服困难。

有一次女儿对我说："爸爸，我们班一个同学的爸爸又打她了。"我对她说："你是爸爸最心疼的，爸爸是永远不会打你的。"女儿听了很开心，抱住我，把小脸贴住我的脸，说："爸爸，你真好！"我对女儿说："爸爸希望你自己努力，变得越来越优秀。"我还告诉她，无论如何，爸爸妈妈都不能打孩子，爸爸妈妈都应该对孩子好；不对孩子好，就是不合格的爸

爸妈妈。女儿听懂了我的话，所以变得越来越聪明懂事。

现在很多家长总喜欢用暴力来解决孩子学习的问题。看到孩子学习成绩下降了，不是去耐心辅导，而是恶骂和殴打，有的家长甚至用很残酷的方式来惩罚孩子，那都是对孩子的极度不尊重。靠打骂来教育孩子，不但不能让孩子学习进步，而且还会让孩子无法感受家的温暖、父母之爱。社会上有很多关于儿童的惨剧，大都和父母的暴力有关。打骂不是爱，反而会把孩子推到家门外，推到学校的外面。很多孩子怕回家，也怕进学校，就是因为家长不爱孩子，太看重分数，也太要面子。

我常提醒自己，对孩子要有一贯的爱，要有足够的耐心，要做不打骂孩子的父亲。

第六辑 做不打骂孩子的父母

6　打孩子的父亲是无能的

旭东教育微论

> 学习成绩重不重要？我说：重要，但不是唯一。如果家长发现孩子学习成绩相对比较落后，一定要鼓励他多努力，让他尽可能追上。成绩是展示群体学习能力的一个点，就像孩子们一起跑步，如果你孩子掉队太远，那么一起跑步对你孩子来说就没有意义了。很多学习问题，家长要理性思考，不要一味责备孩子。

　　在网上看到一则新闻，说贵州毕节一个六岁女童遭到父母施的"烙刑"，屁股被打得血肉模糊。这对父母是毕节市千溪乡的，他们竟然长期虐待自己年仅六岁的女儿婷婷。他们不仅用铁丝抽打，罚跪钉子，毛线穿耳，更为残忍的是，还多次用烧红的火钳烙婷婷的屁股、嘴唇等。这对夫妇对年幼女孩施行的"酷刑"令人发指，引起了很多网民的谴责，也有很多人呼吁对这样的父母进行严惩。法律界专家认为，他们触犯了法律，应该受到应有的惩处。

　　现实生活中，有很多父母认为打骂孩子是应该的，而且认为父母有打骂孩子的权利，好像孩子是自己的物品，有任意处置权。其实，这种观点

和看法,是很可怕的。首先,它不尊重孩子的生命权。每一个人的生命和尊严都应该受到保护,谁也不能侵犯他人的尊严,更不能对他人进行肉体和精神的伤害和摧残。其次,父母生了孩子,就应该好好哺育,好好教育,对孩子的爱不仅仅是一种本能,更是一种社会责任。因为父母本身就是一种社会角色,如何承担好这一角色,需要父母有做好父母的意识,也要有做好父母的努力。培养孩子,不能仅仅给好吃的,给好穿的,还要从心性上培育孩子,让孩子感受到父母的爱,尤其是要让孩子感受到父母是全心全意地为孩子付出的。因此,做父母,不但要有爱心,还要有智慧;不但要给孩子物质上的营养,还要给孩子情感上、知识上和精神上的营养。我在微博上和一些父母交流育儿经验时,有的父母认为打骂孩子是有必要的,有的还赞成给孩子惩罚,还有的甚至认为好习惯和品格是打出来的。虎毒尚不食子,何况为人父母!

其实,孩子犯了错误,在某种程度上并不完全是孩子的过错,也反映出父母没有尽心,或者教育孩子出了问题。有的父母整天忙忙碌碌,宁可在外面吃饭、喝酒,也不愿意在孩子的学习、生活方面做点实际的工作,平常不太关心孩子的学习,更不关心孩子好习惯的培养和心理的健康,对孩子在同伴交流中、学校学习中遇到的种种问题,漠不关心,于是在无形中给自己与孩子之间划了一道心理鸿沟。一旦孩子出了问题,父母马上出来怨恨学校老师,甚至很粗暴地辱骂老师。这种态度,是不对的。学校老师再好,对孩子的影响也不如父母。而且家庭的启蒙教育,父母的言传身教,比老师的影响要大得多。想想看,孩子是和父母生活在一起的时间长,还是和老师生活在一起的时间长?

第六辑 做不打骂孩子的父母

另外,还有些父母在工作中出了一些问题,遇到了一些挫折,或者受了别人的气,心里不痛快,回到家里,也喜欢把自己的不满、怨恨和烦躁等情绪发泄到孩子身上。这是一种"踢猫现象",就是像踢猫一样,对孩子发泄自己的不快。有人写了一本书,说英国曼彻斯特大学曾经做过一个持续3年的研究,涉及169个样本,样本年龄在5~10岁之间。这项研究发现,具有较多负面情绪的父母,他们子女的患病概率明显偏高,而性格开朗、幸福指数高的父母,他们的子女的患病概率明显偏低。这个研究结论是可信的。在我们身边,有多少父母会把自己的坏心情和坏脾气发泄到孩子身上呢?他们要么是打孩子,要么是骂孩子,但不管是打,还是骂,都是不应该的。

孩子幼小的心灵还处于成长阶段的时候,最需要父母的爱心呵护。如果父母打骂孩子,那只能证明家长没有做父母的能力,也缺乏最起码的责任心!

7　给女儿投去关注的目光

旭东教育微论

> 今天女儿聊到回老家过年的事，她说："上次回老家，我真希望你在叔叔面前夸夸我，告诉他们我各方面很优秀。"我笑着说："你想显摆显摆？"她说："是呀，我本来想显摆，小孩子也有点虚荣心呀！"女儿虽然是玩笑，但我感觉适当的激励、表扬，也还是有必要的。因为激励有助于自信心培养。

几乎每天晚上，只要女儿写完了作业，还有一些空闲时间，爱人都会建议女儿练习弹古筝。女儿有时候有点儿不耐烦，觉得妈妈老是安排她练古筝，也不多给她一些自由。

有一天晚上，女儿对我说："爸爸，能不能让我做点别的呀！"我说："如果你作业做完了，而且也不想做别的什么事，最好还是弹古筝。明天下午老师要来上课了，你上周学的曲子还没练熟呢！"女儿一听有道理，就继续认真弹古筝了。弹了大概半个小时，女儿停下来，走到书房里，对我说："爸爸，你来听我弹吧。"我想，女儿一定希望我们关注她，尤其是她觉得自己练习得比较好了，很希望得到我们的赞赏。

于是，我来到女儿的房间，坐在她的小沙发上，听她弹古筝，欣赏她认真的样子。女儿很开心，弹得也很投入。一曲下来，好像经历了一次正规的演出似的。后来，女儿只要邀请我去听她弹古筝，我就会放下手中的活，坐在女儿房间里，听她弹。女儿的古筝演奏水平进步得更快了！我知道，我关注的目光对女儿起到了鼓励的作用！

一个人需要关注的目光，不管他多么出色，不管他如何不在乎别人的赞叹或批评，他都会为那些关注他的目光而惊喜，而欢欣，而振作，而奋起！

关注的目光，可能来自父母，他们一直挂念着孩子，对孩子抱有深深的期待和希望，孩子的成功与否都是他们最上心的事情。关注的目光，可能来自朋友，他们一直鼓励着朋友，也许他们帮不了什么忙，也可能起不到决定性的作用，但他们愿意给远方的朋友以祝福，给身边的朋友以援手。关注的目光，可能来自学生，他们一直尊敬老师，一直对老师怀着深深的感恩，他们知道，在这个世界上也有一些人是值得尊敬的，他们不是父母，但胜过父母；他们不是朋友，但比朋友还知心。

一个人在世界上生活，在道路上行走，如果没有关注的目光，可能就会寂寞，且这种寂寞是真正的发自内心的寂寞，甚至是恐惧。因为，一个孤独的生命是没有情感依赖的，是没有精神寄托的。关注的目光往往会送来温情或厚爱，关注的目光是在你需要鼓励的时候给你勇气，是在你最绝望和寂寞的时候给你祝福和希望！

8　父爱给孩子安全感

旭东教育微论

　　要让孩子心灵健康，父亲要注意八点：让孩子树立乐观向上的心态；让孩子学会感恩，懂得宽容；培养孩子直面挫折的勇气；让孩子学会自我保护；让孩子敢于梦想；培养孩子良好的沟通技巧；教会孩子合理使用钱财；帮助孩子正确认识自我。如果你想做一个幸福的父亲，就要用心关注孩子。

　　家长的任何成功都弥补不了教育孩子的失败。做爸爸的要合理分配时间，既要做好父亲，也要做好工作，这并不矛盾！工作做得再好，也解决不了家庭的问题。父母不关心孩子，孩子长大了也不会有感恩之心。

　　有一次，我应邀在深圳几所小学做亲子阅读和亲子教育讲座。讲完后，一位妈妈走过来，对我说："谭老师，我发现女儿没有安全感，好像很害怕周围环境，不敢和周围的人交流。"我一听，就问："是不是你爱人不管孩子？或者你老搬家，让孩子对周围环境不适应？"这位妈妈说："我爱人忙，他开公司，整天非常忙碌，都是很晚回家，即使回家早，也不和孩子交流，自顾自地看电视。"

第六辑 做不打骂孩子的父母

我对这位妈妈说:"如果你爱人常和女儿交流,关心她的生活和学习,有空带她逛逛公园、爬爬山,或者一起读读书,做做游戏,你女儿的性格一定会活泼很多,而且她一定会有安全感的。"这位妈妈听了,觉得有道理,说:"那我回家和他好好谈谈,要让他也关心女儿。"

是的,爸爸当然要关心女儿!如果爸爸不关心女儿,不关心自己的孩子,孩子会因为父爱缺失而出现一系列问题。我认识一位朋友,她的家庭里也存在这个问题。她丈夫是一位大学教授,工作比较忙碌,做科研项目,老是出差,基本不管女儿。结果,女儿不但不太爱和爸爸说话,而且还对爸爸有怨恨情绪。到了初中,这个女孩很快就出现了叛逆性格,在家里,无论是爸爸还是妈妈,只要一说话,她就很讨厌,对爸爸的言行更是看不惯。当然,这个女孩的性格越来越内向,学习成绩在快速下降,还早早地谈起了恋爱,不愿意回家。缺少父爱的女孩,是很容易早恋的,因为她很难从爸爸那里得到安慰,得到保护,得到支持,因此就会想找一个替代品,就容易早早地对异性产生情感依赖。这是一个例子。我还遇到一位爸爸,他是做生意的,也很忙碌,但他很关心孩子,每次回家,都要给孩子带点礼物,而且有空就和孩子一起玩,带他去爬山、逛公园,还尽量辅导孩子写作业。因此,这个男孩学习很好,而且和父母关系融洽。最值得一提的是,这男孩性格阳光,很会与人交流。

父爱给孩子安全感。一般来说,如果父亲不太理睬孩子的话,孩子一般会性格内向,而且不太合群,不太敢主动和同龄的孩子的交流。一个心理健康的孩子,一定需要父爱和母爱的呵护与滋养。诗人、作家喜欢说:"父爱如山,母爱如海。"山是硬朗的,坚强的,给人依靠的;海是柔软

的，宽阔的，给人包容的。每一个人的性格养成，都离不开父爱与母爱。单纯地依赖母亲的爱，是不够的；单纯地依赖父亲的爱，也是不健全的。一个快乐幸福的人，往往是一只手由父亲牵着，另一手由母亲牵着，快乐地走过自己的童年的。

做父亲的，多多关心自己的孩子吧。做父亲的，要担负起做父亲的责任。

[第七辑]

倡导宽容有爱的家风

会做父亲的人,一定不会过分依赖物质,不会只会买玩具和零食给孩子。他还会给孩子讲故事,还愿意倾听孩子的心声,也很喜欢带着孩子去爬山、逛公园,一起享受亲近大自然的乐趣。

第七辑 倡导宽容有爱的家风

1 做女儿爱吃的红烧排骨

> 一个有爱的家，一定不是宾馆。有些父母，宁可带孩子去高档餐馆里吃喝，也不愿意在家好好地给孩子做一顿饭。其实，家不只是一个物理空间，还是一个情感空间和文化空间。有空的话，爸爸给孩子做一顿饭，烧几道菜，孩子一定会觉得爸爸虽然忙，但心里惦记着他。
>
> 孩子的成长不只需要物质条件，还需要人文环境和情感呵护。一个合格的父亲，并不只是会挣钱，他还会生活，也会工作，更会陪伴孩子。
>
> 不少父母让孩子上小学时就到条件好的寄宿制学校学习，这对父母来说当然很方便，很轻松，但如果不是万不得已，还是不要让孩子离开自己。小学时，孩子很需要父母在身边。孩子学习上遇到了困难，需要父母指导；与同学交往时遇到困惑，也可以向父母倾诉；晚上一家人吃饭、聊天，就是爱的氛围。

不知道别的爸爸怎么样，他们在家里是否陪伴孩子，是否辅导孩子作业，是否会做家务活？

我们家是比较民主的，在教育孩子或承担家庭责任义务方面，我们都有比较明确的分工。比如说，每天早晨送女儿上学，下午接女儿回家，都是爱人来做，因为她会开车，所以这个活自然就归她了。那我呢？我就负责做早餐和晚餐。

一般每天早晨六点半，我就起床了，然后淘洗小米，烧点粥，蒸点女儿爱吃的馒头、包子，或者蒸几个粽子，煮一碗汤圆给女儿吃。如果遇到起床晚点了，就用微波炉蒸一小碗鸡蛋给女儿吃，或者烤两根香肠。我们家离女儿的小学不太远，算上堵车的十分钟，一般开车二十分钟肯定能把女儿送到学校。所以，女儿早上一般六点五十或七点钟起床，洗刷、吃早餐花去十五分钟，在七点半到七点四十之内就能到学校。

下午，我一般会在五点钟就停下手头的工作，在女儿回家做作业的空隙准备晚餐。我做晚餐，总会变着花样。遇到晚上有事情时，就会简单一些，给一家三口各烧一大碗牛肉面或西红柿鸡蛋面。大部分时间我会精心准备，做好几道菜。女儿特别喜欢我做的红烧排骨，她说我做的这道菜比饭店里的厨师做得还好。从女儿很小的时候，我就注意女儿的饮食健康，烧饭做菜都尽量多样化，让女儿享受到充足营养的同时，也养成不挑食的习惯。

我烧菜时，每一天的蔬菜一般都不重复，吃肉也是变着花样，而且尽量以蔬菜水果为主，让女儿少吃油腻的食物，所以女儿没有变胖，各项体检指标都正常。

在烧饭做菜和就餐时，我都会适当地引导女儿了解一些蔬菜水果的常识。我告诉她，蔬菜水果，谁都爱吃，谁都不能离开它们。我们不能想象没有蔬菜水果的生命，不能想象世界上没有了农村、原野和田土而蔬菜水果还那么可口且富有营养。因此，品尝新鲜的蔬菜和香甜的水果，我们就不要忘记那些辛勤劳动的农民。他们常常顶着炎炎烈日，冒着风霜雨雪，弓着腰在田地里耕作。蔬菜水果是植物的一部分，要了解蔬菜水果，就要多学习植物知识，了解农业常识。在实际生活中了解各种蔬菜水果的特点和价值，让蔬菜水果陪伴我们健康成长。

做智慧父亲

2 给女儿一个充满亲情的家

旭东教育微论

女儿的同学爸妈上班，她妈妈送她来我家。中午吃饭，这孩子说："我从来没有吃过这么好吃的菜。"以前，每次女儿的同学来我家，都会这么说。说明，很多孩子很喜欢吃别人家的饭菜，也喜欢到同学家里玩。父母要尽量让孩子多和同学交流，让孩子假期过得快乐一些。另外，父母也的确要学好烧饭做菜。

父母如何安排孩子寒假的学习和生活？我觉得，第一，要亲近大自然。带孩子去看看青山绿水，看看晚上的星星和月亮。第二，带孩子去游乐场玩一玩，释放一下孩子的紧张心理，满足一下孩子的游戏愿望。第三，带孩子去看看科技馆或听听音乐会，扩展孩子的视野，也满足孩子的好奇心。

每一个人的成长都离不开亲情。幼小的时候，妈妈给我们喂奶，给我们喂饭，还抱着我们，给我们哼唱儿歌，给我们讲故事，让我们度过了美好的幼儿时期。当我们长大一点了，妈妈的爱依然环绕着我们，还有爸爸的爱，爷爷奶奶的爱，以及其他亲人期待的目光，都是我们成长之路上的盏盏明灯。不过，我们不能仅仅享受亲情，还要感恩亲人，并且以实际的行动，尤其是努力地学习、认真地做人，来回报亲人的关怀和希望。

第七辑　倡导宽容有爱的家风

为了培养女儿的亲情观念，在她很小时，我就会选择一些饱含着浓浓亲情色彩的儿歌，带着女儿一起吟唱，夜晚让饱含亲情的故事伴随女儿安甜入梦。为了让女儿感受家庭的温馨和父母的关爱，我和爱人从来不会因为自己的工作而忽视对女儿的教育。记得女儿刚来北京时，那时候我正在做博士论文，每天查资料、写论文很辛苦，有时候要加班到深夜，但我都会尽可能地和女儿一起玩耍，抱抱她，和她一起讲话，和她一起堆积木，学画画。记得那一阵儿，我还兼着《文艺报》少儿文艺版执行主编的职务，每天还要忙着约稿、采访，自己还要写一些稿子，也参与校对等等，可以说，忙得团团转，可一旦有空，我都会带着女儿去社区里滑滑梯，和别的小朋友一起玩。

女儿每一个生日到来，我和爱人都会去超市里或蛋糕店里定做一个漂亮的生日蛋糕，准备一些可口的巧克力和各种水果、糖果，还要邀请女儿的好朋友一起为她过生日。大家围着女儿唱生日快乐歌，品尝美味的食物，让女儿感到爸爸妈妈是最爱她的。我们也衷心地祝福她，希望她快乐、健康地成长。有时候，我逗女儿，就问她："你最爱谁呀？"当着我的面，女儿会说："您！"而她妈妈问她："你到底最爱谁呀？"女儿又会指着妈妈，说："您！"接着，女儿又会说："你们两个！"我心里明白，女儿其实知道，爸爸妈妈都爱她，所以她也很爱爸爸妈妈。

做智慧父亲

3 给女儿带点小礼物

旭东教育微论

> 我不是营养专家,不敢对儿童饮食多说看法。但我有做爸爸的经验可以交流。我觉得,只要商店卖的,信誉比较可靠的食品,都可以给孩子吃,包括糖果等零食。现在条件好了,很多家庭有一定的经济能力,为什么一定要太限制孩子呢?再好的东西,都不要太单调。就像读书,总不能只让孩子读某一类书吧。
>
> 昨晚,女儿的两位小朋友来我家玩。女儿拿巧克力给她们吃。这两个孩子说:"你好幸福呀,你爸爸妈妈还给你吃巧克力。"我听了心里很不是滋味。孩子吃点巧克力怕什么呢?现在很多家长不是买不起,而是觉得吃零食不好,完全禁止孩子吃零食,这并不是好办法。很多父母自己也爱吃零食,何况孩子。

每一次离京去外地开会,我都会想着给女儿带点小礼物。

女儿两岁时,我到深圳开会,在商场里买了一套漂亮衣服给她。女儿穿着可开心啦!妈妈每次给她换这套衣服时,都会对她说:"来来,宝贝,穿爸爸给你买的衣服。"她就乖乖地走到妈妈身边,让妈妈给她穿我给她买的衣服。其实,我买的衣服也不贵,一件短袖衫,一条小花裤,不过,南方的衣服做得精致一些,颜色鲜亮一些,因此,每次女儿跟着我去社区玩，都会引起别人的注意，尤其是一些年轻的妈妈会很好奇地问："小朋友，你穿的衣服好漂亮！是谁给你买的呀？"女儿就会眼睛亮亮的，很自豪地说："爸爸，爸爸！"

女儿上幼儿园后，逢年过节，我都会给女儿买玩具当礼物。她妈妈喜欢给她买学习用品，包括儿童图书。女儿兴趣爱好广泛，什么都喜欢。绘画用的蜡笔、彩笔，写字用的铅笔，还有跳绳、五子棋、弹子棋等等，家里都有。常常吃完晚餐，我都要和女儿一起下一盘弹子跳棋或者五子棋，女儿的棋艺越来越高，常常把我打败。

这几年，我差不多每年都会出一次国门，到波兰、德国、韩国等做文学讲座和访问。在国外，行程安排得十分紧凑，不可能有太多的空闲时间去逛商店，我也没有购物的习惯，但每次都会想办法给女儿带几盒巧克力和几条小围巾。不过，她不是那种贪吃的孩子，味道再好的巧克力，她也只是隔一阵才吃一颗。2013年4月，我和女作家戴来一起去德国做文学朗读活动时带回的巧克力，现在还有几颗放在冰箱里呢。

前几天，我去南京开会，因为是创作会议，来的作家很多，大家又好久没有见面了，所以空闲时间都被各种讨论和聊天占满了，根本没有时间和精力去逛逛商店，原来准备给女儿买一件漂亮衣服的计划也搁浅了。到了要返京时，突然想起来没给女儿带什么小礼物呢。幸亏在会议上发了一支很小巧的红色圆珠笔，回到家里，就当礼物送给了女儿。没想到女儿特高兴，还对她妈妈说："妈妈，爸爸送的礼物好漂亮！"

4 让女儿感受你的爱

旭东教育微论

季节转换，很多孩子容易伤风感冒。一般来说，防止伤风感冒要注意：一是降温了，父母要及时给孩子加衣服。二是从外面回家，最好喝杯热水，那样可以逼出体内冷气。三是每周要通过运动的方式，让孩子出出汗，促进血液循环。另外，孩子的饮食要有规律，饮食不规律也容易导致体质减弱。

昨天下午，女儿参加了寒假的第一次小朋友聚会，大家玩得很疯狂。我发现小朋友们各自带的礼品差异很大，我给女儿准备了一盒新书，15个孩子一人一本，大家都很高兴，抢着要。

每到周末，女儿总会对我说："爸爸，今天晚上我想和你们一起睡。"妻子比较严厉，一般女儿提出这样的要求时，总会说："宝贝，周末了，你更应该好好休息，和爸爸妈妈挤一起多难受呀，大家都休息不好。"不过，女儿知道我心软，就会把我拉到一边，或跑我书桌边，贴着我的耳朵向我请求："爸爸，求求您啦！"

我一般都会爽快地答应。我觉得，女儿和我们一起睡，也可以好好交流，让女儿感受到爸爸妈妈对她的爱。

第七辑 倡导宽容有爱的家风

上幼儿园时,女儿都是和我们睡在一起的。上小学后,我们就让女儿单独睡一间了,而且给女儿的房间做了很好的布置,有书架,上面放上很多她最喜爱的童书,还有一些她喜爱的玩具,摆放着她的古筝。女儿的房间很漂亮,也充满了书香。

女儿很喜欢自己的房间,觉得这是属于她的一个独立世界。每次小朋友来玩,她都很自豪,觉得自己的房间很舒服,既可以学习,还可以玩耍。但独自睡了几天后,女儿就会很想和我们在一起睡,尤其是喜欢搂着妈妈睡。

为了鼓励她,让她养成一个人睡的好习惯,我和妻子有时候会陪她聊聊天,和她一起谈谈这一天发生事情,搂搂她,拍拍她的脸蛋,她会很高兴地睡去。

到了周末,女儿提出要和我们一起睡,我一般都会答应,不过,我是为了鼓励女儿,告诉她,周末了,她可以任性一些,可以看看电视,快活地玩耍。有时候我们聊天聊得晚一些,就是想让女儿感觉到周末和平常学习、上课时不太一样。爸爸妈妈带着她睡,也是一种鼓励和关怀。

5 知道自己是从哪里来的

> 不少家长都替孩子写过作业,而且很多孩子作业都写到很晚。主要原因还是应试能力的培养目标在作怪。课堂教学以传授知识为主,但课堂教学中过分强调知识,会把教学的目标矮化。读了《窗边的小豆豆》,我觉得小学生的教育应该更加人性,更加宽容,更加符合孩子的生命特征。
>
> 独生子女问题比较多,尤其是心理健康问题,应该引起家长的足够重视。家长太宠爱孩子,也不注重孩子的同伴教育,不让孩子学会从他人角度看问题,等孩子长大后,一旦进入集体生活,就会显示出性格的缺陷。如,处不好同宿舍的关系,动不动就辱骂他人,甚至为了一点小事而闹得不可开交。

一天,女儿问我和她妈妈,她是从哪里来的。女儿都六岁了,我们从来没有和她说过这个话题。

那天傍晚,晚饭后,我们一家人照常去社区里散步。在社区里转了一圈后,女儿喊着要停下来,她要看天上的星星。于是,我们在一个木椅上坐下来,女儿呢,则躺在木椅上,头枕着妈妈的大腿,用小手比画着,数着天上的星星。

"妈妈看呀,那边好多星星——"

"爸爸,那肯定是北斗星,它又大又亮——"

女儿不时惊喜地叫着。在北京的西山附近住着,空气相对好一些,常常能够欣赏到夜空里的繁星,感受到宇宙的神秘。

数了一会儿星星之后,女儿突然又问她妈妈,她是从哪里来的。她妈妈就告诉她,说她是从妈妈肚子来的。她在妈妈肚子里长了十个月,有一天,妈妈进了医院,医生在妈妈的腹部划开了一道口子,就把她从妈妈肚子里取了出来。女儿听了后,坐起来,问妈妈:"妈妈,你肚子疼吗?是不是流了很多血?"她妈妈点点头。女儿就不再说话了,我知道她肯定在想,妈妈一定经历了痛苦。趁这个机会,我就对女儿讲了一些孩子和母亲之间一些事情,告诉女儿,每一个孩子都是从母亲身体里出来的。

我告诉女儿,在她还未出生的时候,我不在妈妈身边,而且她出生的时候,因为非典,我也无法到她妈妈身边照料她们母女俩,所以她出生52天后,我才见到了她。散步回到家里,我就把我第一次见到女儿写的诗歌读给女儿听,女儿听了,不时地点点后,我感觉到了女儿对诗歌的理解,对父爱的理解。

那天晚上,我对女儿说:"一个人来到世上,首先就要感谢母亲。没有母亲的十月怀胎,就没有小小生命的呱呱坠地。没有母爱亲情,就不可能有幸福美好的童年。随着年龄的增大,认识的人多了,走的路多了,总会遇到困难,遭到坎坷,但友情的手一定拉过你,祝福的声音一定陪伴过你,期待的目光一定注视过你。因此,无论如何,你都要心怀感恩,感谢母亲的呵护、父亲的关怀、老师的指导、同学的帮助,还有很多很多人,

都值得你去记住,去感激。你生活着的这个世界,只要你怀着爱心,你就能感受到很多美好。"

那天晚上,我还给女儿读了从网络上抄来的这么一段文字:

婴儿诞生前,上帝与即将出发的小孩道别。小孩一直在哭:"我害怕,我会变得那么小,那么无助。"上帝安慰他:"放心吧孩子,我早已安排好一位天使在人间,只为了保护你,照顾你,爱你。"小孩停止了哭泣:"那位天使叫什么名字呢?"上帝微笑着说:"名字不重要,你可以简单地叫她'妈妈'。"

第七辑 倡导宽容有爱的家风

6 孩子也会"掩耳盗铃"

旭东教育微论

> 电视、网络把成年人的世界敞开在孩子面前,让孩子过早地知道了成年人的秘密,也过早地了解了成年人的心理和生活,尤其是过早地看到成年人罪恶的一面。电视、网络作为媒体本身不应为破坏童年的生态而担责,需担责的是操控电视、网络成年人文化的人,尤其是为了商业利益不惜破坏童心的人。
>
> 小学生近视率这么高,原因有几个方面:一是学校作业多,做的试卷太多;二是教室环境差,光线不好,老师还多用电子演示文稿;三是家里环境不好,孩子看电视、上网太多;四是先天性原因,父母遗传。但前三者是最重要的原因。这么多孩子近视,先不说国民身体素质了,将来如果发生战争都找不到合格的士兵。

日常生活中,我们会遇到很多可笑的人与事,尤其是遇到一些自欺欺人的闹剧。比如说,有些人喜欢做掩耳盗铃的事。大家都知道"掩耳盗铃"这个成语,意思是偷钟的人怕别人听见而捂住自己的耳朵,明明掩盖不住的事情偏要想法子掩盖,自己欺骗自己,通常比喻自欺欺人。它出自《吕氏春秋·自知》里的一则寓言故事,原文为盗钟,后来钟演变为铃,"掩耳盗钟"反而不常用了。

虽然"掩耳盗铃"是一个贬义词,是对那些自欺欺人的人的讽刺,但有时候孩子也会"掩耳盗铃",不过,他们的这一行为并不是因为他们爱骗人,而是因为他们还保留着童心,保留着对成年人的信任。

举一个典型的例子,女儿小时候很爱捉迷藏,现在读小学了,依然还很热衷于这个游戏。家里虽然也有一百多平方米,可能躲藏的地方不多,但女儿还是喜欢我和她一起玩捉迷藏。女儿躲起来的时候,我明明知道她藏在了窗帘的后面,但故意装着老是找不着她,这个时候,她就有些急,会在窗帘后面笑一声,或者不耐烦地说一声:"爸爸,你找不到我。"这时候,我就更知道她躲藏在哪里了。女儿还在上幼儿园时,她爱和我在校园的花园里玩捉迷藏,那时候,她经常一边躲在花丛里,一边说:"爸爸,我不在这里!"孩子的天真与成年人的天真是不一样的。孩子的天真是发自内心的天性的流露,而成年人的天真有时候就是一种社交方式,是装扮出来的。

从女儿玩捉迷藏游戏时的"掩耳盗铃",我感受到了幼小生命的不设防,了解到了童心世界的单纯是最可贵的品质。

在女儿渐渐长大的时光里,我也在渐渐向童年的生命学习,也在一天天变得智慧。很多时候,看到女儿,想起她们这些纯真的孩子,就告诫自己,尽量不要做自欺欺人、弄巧成拙的事情,不要把宝贵的时间和精力浪费在没有意义的事情上。

第七辑　倡导宽容有爱的家风

7　让我们尊敬孩子

> 官方虽然取消了奥数加分，也不允许搞奥数培训了，但现在北京一些青少年宫还有奥数班。有些儿童活动集中的地方，都有奥数班的价格公布表。在一些高档社区，也有各种奥数班。家长很需要，也很愿意孩子早点儿学些难题，多做点儿功课，考试好一些。分数为王，已不是一种简单的认识了，而成了许多人潜意识的一部分。
>
> 每次去学校接女儿，看到那么多的家长早早地等在学校门口，我就想：如果社会环境好，安全、和谐，家长还需要送孩子上学和接孩子回家吗？如果政府能够配备足够安全的校车，让每一个孩子都能安全乘车，还需要送孩子上学和接孩子回家吗？真希望，有一天，中国的父母不再苦苦等在校门口。

经常看到一些父母打骂孩子，而且有些父亲打孩子还挺狠的。每当看到这些，我就特别为这些父母感到悲哀，也很同情那些受父母暴力打击的孩子。

作为一名儿童文学作家，我感觉每一位儿童文学作家都应热爱孩子。如果他不热爱孩子，不能用坦荡的胸怀来对待孩子，不能用诚实的语言和孩子交流，不能用温暖的手牵住孩子，那他就没有资格获得孩子的尊敬，

做智慧父亲

也就没有灵感来为孩子写作。

真正的儿童文学作家，都是大孩子，都是保留了美好纯真的童心世界的人。所以优秀的儿童文学作家总会想办法让孩子知道他的幻想不只是童话，他的生活不只是小说，他的性情不只是诗歌；而且他会尽可能地让别人知道，他是一个能够平等地对待孩子也能俯下身来倾听孩子的人，他对待孩子态度虔诚，他对孩子自我成长的智慧充满信心，他相信每一个孩子都能创造奇迹。

如果你想成为一位快乐的作家，就要多多牵住孩子的手。孩子的手，小小的，软软的，温温的，像一棵棵小树丫，也像一片片幼嫩的叶子。如果你想成为一位幸福的作家，就要多多看看孩子的眼睛。孩子的眼睛，黑黑的，大大的，亮亮的，孩子的眼睛像玻璃球，能折射复杂的世界，能发出希望的光芒。

孩子是哲学家，太阳、星星和月亮，都插上了他们思想的翅膀，宇宙里飞翔着他们多彩的幻想。孩子是诗人，小花、小草和露珠，都沾上了他们空灵的品质，大自然的一切都散发着他们心灵里透出的芳香气息。

喜爱写作的人一定是心怀美好的人，而喜爱写作儿童文学的人，一定是心地无比善良的人。一个心怀叵测、品行恶劣的人，没有资格获得孩子的认可；一个心地狭小、自私自利的人，不可能成为孩子的朋友。当你组装文字的魔方时，别为你玩弄的技巧而沾沾自喜，孩子的嗅觉非常灵敏，一点点矫情的气息，他们都能够感受得到。

让我们尊敬孩子，敬畏那美好的童心。孩子是孩子世界的国王，成年人要学会做孩子世界的贵宾！

8　在公共场所给孩子树立好形象

一条微博说，河北一小女孩采雪融化，发现雪是黑的。我讲给女儿和小朋友听，女儿不相信。今天下了厚厚的雪，我让女儿采了一桶回家，融化后，果然，水是黑的。女儿和邻居小女孩惊讶极了。女儿说："我要写一篇作文。"生活中处处是作文素材，很多判断，的确需要亲自实践，这也是教育。

昨天看到一则微博，一妈妈带孩子去西单书店，她脱了靴子，坐在书架边翻书。带孩子去看书、购书，本来是好事，可脱了靴子，穿着袜子坐在那里，不说自己的脚可能很臭，但至少不雅观。要做好妈妈，言传身教，还是要从穿好靴子开始。就像很多爸爸，无论到哪个公共场所，尽量不要抽烟。

看了一则报道，一位奶奶带着十六七岁的孙子坐公交车，这位奶奶占了一个座位，然后把自己的座位让给孙子，接着要求另一个女孩让座给自己。那个女孩不愿意，说这位奶奶自己有一个座位，为什么还要别人让给她？这位奶奶就不乐意了，还破口大骂，认为这个女孩不对。

其实，这位奶奶犯了两个错误：第一，她的孙子已经十六七岁了，她不应该把座位让给孙子，这完全是宠爱孙子，溺爱孙子。十六七岁的孩子

难道不能站一站吗？第二，这位奶奶自己有座位，却把座位让给孙子，然后强求别人让座，可以说是一种强行占座行为，是不遵守公共道德，不遵守公共规则的行为，应该受到批评和指责。从家庭教育这个层面来看，这位奶奶在公共场所的确没有给孙子树立好的形象。

这位奶奶强求座位的事，也让我想到一次乘地铁的经历。那一次，我和爱人带着女儿去中山公园音乐厅听音乐会，我们是乘坐地铁一号线去的。在八角游乐场地铁站，我们进去后，发现了一个空座位，我赶紧让女儿坐上去。没想到一个年龄约五十岁的妇女，竟然把我女儿拉起来，说应该让给老人坐。我女儿当时才六岁，即将上小学一年级，而那位妇女身体看起来很好，但她可能觉得自己算是老人，孩子应该让座。我很生气，就对那位妇女说："我女儿才六岁，你好意思坐吗？"她听了很生气，嘴里竟然吐出脏话，还说："这地铁又不是你们家的！"我说："地铁是公共交通工具，我们也是买了票的，而且你也没有老到身体撑不住，更何况我女儿还是个孩子。"这位妇女恼羞成怒，还不停地骂骂咧咧，把我气坏了。公共汽车和地铁上，的确是主张给老人和病人让座的，但年龄五六十岁，身体健康的人，何必要去享受所谓的"照顾"呢？而且遇到小孩子时，不管男人还是女人，都应该尽量让着孩子，这也是成年人最基本的爱心。和一个六岁的女孩争座位，算不算为老不尊，算不算缺乏爱心，算不算没有基本的公共道德呢？如果她六岁的女儿遇到这样的成年人，她会怎么想？

在现实生活中，我们不时会遇到这样的成年人，他们很霸道，很自私，从来不考虑别人，只顾自己的利益，公共道德观念非常淡薄。把自己的座位让给十六七岁的孙子，然后强迫另一个女孩让座给她，这位奶奶就很霸道,也很自私。但遗憾的是,她根本不自知,还认为自己没有错。无论是做爷爷奶奶,还是做爸爸妈妈,在孩子们面前都要尽可能地树立良好的公共形象,在公共场所要遵守基本的道德准则,不要霸道、自私,给人留下很可恶的形象。不然的话,孩子会被影响,还会招致社会的批评和指责!

9 别做懒惰的父母

一位家长对我说，孩子玩电脑游戏也增长智力，尤其能培养竞争意识。其实，培养孩子的竞争意识，可以让他在群体中培养。让孩子参与社区活动，多和同龄人玩耍，让孩子在学校学习和活动中积极主动。

家庭教育中，父母的榜样作用是很重要的。有的父母一天到晚批评孩子，指出孩子有这个缺点那个毛病，用挑剔的目光看待孩子，可就是没想到自己是否也做得很好，尤其是能够成为孩子成长的榜样。

根据我个人的经验，孩子读小学后，父母一定不要懒惰。入学以后，孩子每天都要早起早睡，要讲究生活规律，要按照学校里的作息时间来调整日常生活。因此，父母要做好以下几个方面：

第一，尽量回到家里后，认真做家务，给孩子做营养餐。把家里卫生打扫好，给孩子一个清洁的环境，也是为孩子的身体健康着想，同时，也给孩子树立讲卫生的榜样。另外，每天尽可能地把饭做好，尽量让孩子吃自己家里的饭菜，不要在外面的餐馆里用餐。有些年轻的父母，宁可去外面吃，也不做饭，这对孩子的健康来说，是不利的。一个有爱的父亲或母亲，应该能够在家里做出孩子爱吃的营养餐来。

第二，尽量关注孩子的学习，了解孩子的作业情况，多和孩子沟通。小学阶段，一般的学校老师每天都会布置一定量的作业。不管作业布置得合不合理，父母都要关注孩子的学习情况。如果孩子在写作业过程中遇到了困难，父母要尽可能地给予指导和帮助。孩子在学习过程中，包括在与同学交往过程中出现了问题，父母也不要上来就批评指责，而要尽量帮助孩子找出原因，鼓励孩子自己想办法解决。尤其是孩子受到委屈时，要鼓励孩子，安慰孩子。有些父母不爱动脑筋，从来不翻一翻孩子的课本和作业，更不用说用心指导了。在孩子的学习上，父母不要懒惰，要指导孩子，帮助孩子，与孩子一起学习，一起进步，这也是和谐家庭建设的重要一步。

第三，要尽量多陪伴孩子，多和孩子做游戏，一起散步，一起运动。孩子的成长，在生活与学习上不但需要父母的关心，还需要父母的陪伴。陪伴的确是一种非常好的教育方式，它能够使亲子关系更加紧密，使孩子感受到家的温暖，感受到父母的关爱。有的父母下班回到家里就打开电视，或者自己玩电脑游戏，有些父母甚至每天很晚才回家，基本不管孩子，这是不对的。回到家里，父母尽量不要看电视，不要玩电子游戏。和孩子一起做游戏，一起散步，一起运动，能够实现父母和孩子之间的自然交流，也能够体现家庭亲子关系的和谐。

那些懒惰的父母看起来好像过得很自在，很逍遥，实际上，他们损失很大，失去了很多与孩子共同成长的机会。勤奋工作，勤俭持家，爱护孩子，关心家庭，关注孩子的成长，这是美德，也会给孩子留下最美好的童年记忆。

10　倡导宽容有爱的家风

旭东教育微论

奥巴马在宣誓就职仪式上，举起右手，面对《圣经》和孩子，许下了庄严的承诺。我不得不说，这是最具有感染力的电视画面。两个孩子用信任的目光看着父亲，看着这位总统。它让我感受到了，在孩子面前许下的诺言，比金子要贵重一万倍。一位爱孩子的总统，一位得到孩子信任的总统，令人敬重！

母亲节来了，很多媒体又开始倡导孩子们要孝敬母亲，要给母亲洗脸洗脚，要给母亲一个拥抱一个吻。但我要反过来呼吁：母亲节来了，请母亲们都来自我唤醒母亲意识。做母亲，就要爱孩子，请反思一下：你温和地和孩子交谈了吗？你是否溺爱孩子？你是否打骂贬损过孩子？你是否给过孩子宽容的拥抱？……

地方有民风，家庭有家风。民风淳朴，是一种文化气息；家风端正，是一种文化氛围。

我们家一直倡导宽容有爱的家风。记得我父亲那一辈，家里人很多。父亲有五个兄弟，而我的奶奶很早就过世了。小时候，我和弟弟很希望见到奶奶，可是只有爷爷和我们生活在一起，母亲对爷爷很孝顺。那时候生

第七辑　倡导宽容有爱的家风

活很苦，在农村能吃饱就很不容易，但父亲和母亲辛勤劳动，总是想办法把日子过得好一些。说起父亲，他小时候就被过继给了爷爷的哥哥，但爷爷的哥哥，也就是父亲的继父在广东做生意时在韶关去世了，因此，父亲十几岁时又和爷爷在一起了。按照我们村里的习俗，因为爷爷把父亲送给了别人，父亲是可以不赡养爷爷的。但爷爷老了，父亲和他的兄弟一样承担着赡养老人的责任和义务，母亲从来没有抱怨过。那时候，爷爷是轮流在五个儿子家吃住。每当轮到我们家时，母亲总是想办法把伙食做得好一些，让爷爷能吃上鸡蛋，吃上几块肉，而且基本不让爷爷干家务活。所以爷爷总说我母亲好，是个好儿媳妇，心胸很大度。

　　住在农村，邻里乡亲难免有些矛盾，甚至兄弟、妯娌之间也可能会因为一些财产分割以及老人的赡养问题而产生纠纷，但父亲和母亲从来不会因为这些和别人吵架，特别是母亲，总是愿意多付出。她不但对爷爷很尊敬，每年她还把父亲的舅舅接到家里来住一阵儿，尽一些晚辈的心意。因为母亲对爷爷这边的人很尊重，父亲自然也对我外公外婆很好！外婆生了八个女儿，我母亲是老大，等外公外婆老了，就住在我们家里，主要由我们一家来赡养。父亲从来不说什么，他对待外公外婆比我母亲还用心。外公外婆在世时常对人夸我父亲："玉明比儿子还亲！"村里的老人很羡慕我外公外婆，说："还是养女儿好！"外婆就会说："女婿不好，女儿再好也没用！"父亲和母亲对家里的长辈是如此爱护，对邻里乡亲也很宽容，在我记忆中，父亲和母亲没有和邻居吵过架。家里开了一个小商店，母亲经常会在中秋节或端午节时给一些孤寡老人送一些白糖。一些家庭条件差的乡亲来了，母亲总会请他们喝二两白酒。父亲在乡里中学教书，教了一辈

子,被同事总称为"好人"和"老实人"!母亲也常对我们说:"你们也要学习你们的父亲,他很宽容,从来不计较!"

因为父母宽容有爱,我们兄弟几个也继承了这种家风。大弟和小弟就不多说了,单说我们一家三口吧。我考上大学,后来取得博士学位,留在了北京,当了大学老师。爱人也和我一样,在大学任教。我们的生活条件很好,工资收入算是比较高的。但每当老家亲戚有困难,我们总是及时给予帮助。夫妻之间几乎不为一些经济问题吵架,闹矛盾。我姐姐在老家开农业机械店,本来生活过得很好,但姐夫沉湎于赌博,把家产输光了,姐姐和两个外甥女陷入了困境。我们兄弟仨都尽量接济她一家。后来,姐夫和姐姐离婚了,把两个女儿丢给了姐姐。姐姐本来就下岗了,她带着两个女儿,连住的地方都没有。父亲和母亲很着急,但县城里房价已经开始涨上来,买一套房至少要花十多万!我爱人知道后,主动提出帮助姐姐。她拿出十多万元,让我在县城里买了一套一百多平方米的房子,给姐姐和她两个女儿住,还资助外甥女读大学。爱人的心胸开阔也赢得了我父亲和母亲的夸奖,我老家的人也说我娶了个好媳妇。

我们家遇到什么问题,都是一起商量的。我和爱人偶尔斗斗嘴,最后都会"一笑泯恩仇"。有时候即使出现了一些比较大的问题和困难,我和爱人都是互相鼓励,互相合作,一起努力解决问题,克服困难。不但如此,我们还经常做好事,热情参与一些公益事业,所以我们家里充满着欢乐,女儿性格也开朗!2013 年,我们家被评为"首都和谐家庭"!还被推荐为"全国幸福家庭"呢!

其实,幸福家庭没有什么秘诀。倡导和树立宽容有爱的家风,家家都会洋溢着快乐。

11　志愿服务让人快乐

> 孩子的世界单纯而清澈，尊重孩子，爱护孩子，就要呵护孩子的梦想。用血淋淋的现实和残酷的成人逻辑来告诫孩子，表面上看是让孩子认识社会，其实，是用成年人的功利之心来撕碎孩子的梦想。如果孩子还有梦想，还对童话世界充满向往，那是因为孩子还对世界保留一份信任，孩子还是真正的孩子。
>
> 现在很时髦的一个名词叫"成功教育"。什么是成功？很多人把当官、挣大钱、出国留学等看成成功，因此家庭教育类图书里，这些方面的内容很多。但一个人的成功绝不仅是这些，关键是看这个人能否真正自主独立，能否自己创造适合生存的财富和条件，能否依靠自己获得生活的快乐和工作的乐趣。

很多人不知道志愿者是什么。其实，志愿者就是喜欢做公益事业的人，志愿为他人服务，为社会服务，做好人，做好事。

我们夫妻两人都在大学里教书，我曾担任民族班的班主任。民族班一共有 27 位学生，来自新疆、甘肃和陕西的维吾尔族、回族、满族、土族、蒙古族、塔塔尔族、哈萨克族等 12 个民族。由于地区教育差异，这些学生高考成绩不太高，但他们都很淳朴，也很热心公益，积极加入大学生志

愿者协会，经常到市里做一些公益活动，做一些志愿服务工作。说实在话，以前我对志愿服务认识不高，但自从和学生在一起后，很受感染，也开始主动参加志愿服务了。

2009年，我们一家三口从大学的宿舍搬到了新家居住，从此开始了城市的社区生活。这是一个大社区，有十多栋高楼，住了上千户人家，老人和孩子也不少。尤其是近两年，社区里很多年轻的夫妻都有了孩子，不少家庭都依赖老人来照看孩子，所以社区里老人变得更多了。有些老人带孩子的方法很简单，用的是老一套，到点做饭，饭后推着车子带着孩子遛一圈，再去买菜、做饭……社区生活很单调。但我们社区环境很不错，绿色植物多，空地大，还有迷宫花园，在北京也算是少有的宜居社区。居委会的干部了解情况后，根据具体情况，组织了不少老年人的活动，比如组织社区老人唱歌、跳舞，还给他们提供一个练习书法绘画的场所；也组织了一些儿童活动，比如说，儿童才艺表演和迎春会演之类，尽量让社区里的儿童在节假日生活更充实，过得更快乐。

有一次，社区里组织一个儿童才艺表演活动，我和爱人带女儿去参加，发现社区居委会干部很认真负责，而且很乐意为居民服务，于是，我萌生了一个想法，就是利用自己的特长给社区做点志愿服务工作。我本人业余爱好写作，也很爱孩子，关注儿童阅读，给孩子主编、翻译和创作了600多部儿童文学作品，家里藏书也很多，过去居住在别的社区时，经常义务指导社区里一些孩子读书、作文。2011年，我还给朝阳区北师大奥林匹克花园附属小学捐赠了2000多册图书，《中国教育报》和《出版人》均做了报道。女儿在小学上学，有一次听到女儿说班级要建图书角，我立马捐赠了100多本童书。我还参加了一些社会公益活动,给一些儿童捐赠了文具和衣物。看到社区居委会开展了这么多活动,我也很受触动,很想做点什么,特别是在儿童教育和儿童阅读方面,我是可以为社区做些服务的。

机会来了!有一次我带女儿搬着古筝,参加居委会组织的儿童汇演活动,得知居委会要设一个图书室,为居民提供一个阅读场所。我感到很惊讶,也很惊喜。这真是一个好主意!于是,我对居委会的干部说:"听说居委会要办一个图书阅览室,我有不少童书,质量很好,如果不嫌弃的话,我可以拿出一些来充实阅览室。"我还说:"我家里也有不少适合老年人读的书和杂志,我愿意拿出400多册崭新的文学杂志和图书,捐赠给居委会图书室,给社区里的老人读读。"居委会的干部听了很高兴,说:"太好了!我们欢迎你们的参与!"于是,我回家清点了自己收藏的书籍和杂志,整理出了两大捆适合老人读的杂志和几箱适合孩子读的童书,送到了居委会。过了一阵儿,我又送去了几捆适合老年人读的书。居委会的领导很高兴,给予称赞,还和我一起合影。后来,我又给居委会的图书室送了一些适合孩子读的童书,又得到了居委会领导的肯定!

有一天下午,我给图书室送书报,正好遇到街道办事处的领导来视察工作,居委会主任还向领导介绍了我捐书的情况,街道办事处荣书记给予了积极的肯定。

我还主动对居委会干部说:"我是一位儿童文学作家,也研究儿童教育和儿童阅读,给孩子写过很多书,也出版过儿童阅读的著作,教育孩子也有一些经验。如果居委会需要的话,我可以义务为社区居民做亲子阅读

讲座。"居委会的干部说:"亲子阅读讲座好!现在很多家庭,孩子回到家就看电视,有的还玩电子游戏,把眼睛都累坏了,很可惜。我们正需要你这样的专家来给居民做讲座!以后我们来好好组织组织。我们社区里的孩子,也需要家庭亲子阅读。"得到了鼓励,我开始认真备课,准备幻灯片,写讲座稿,很快,居委会就组织了社区里的几十位家长,给我安排了一次讲座。那一次,来的家长其实大部分都是爷爷奶奶或姥姥姥爷,还有几位年轻人,我一问,原来是保姆。但我依然认真讲,讲什么是亲子阅读,亲子阅读的意义,亲子阅读的方法,还讲如何打造家庭阅读环境。讲了两个小时,没想到家长们没有一个提前退场的。结束后,她们都围着我,说:"这样的讲座太好了!""哎,以前不知道亲子阅读有这么重要,不然的话,我早就给孙子读书了!""要是早点儿讲,我就会在孙女上幼儿园时,就让儿子给她多读书了!"那一次后,不少居民知道我的情况了,有些人还经常找我,让我帮助推荐童书,帮助解决一些家庭阅读和教育问题。渐渐地,我成了一个义务指导社区家庭进行亲子阅读的志愿者。

有一次,我在社区里散步,一位年长的居民亲切地喊了我一声"谭老师"。可我一时想不起来,他说:"谭老师,您忘啦?我听过您的讲座呢。讲得好!讲得好!"居民的信任,给了我动力。当我发现社区里有些家庭缺乏好的童书时,我就拿出家里藏的一些优秀童书,送给他们;当我听到有些家长需要我给他们家的孩子开书单时,我都会尽力而为。

在社区里做这些志愿服务,为居民做点儿好事,我很快乐。第一,觉得自己学到的一些知识派上了用场。第二,觉得自己能够帮别人做点儿事,内心很满足。第三,作为社区一员,也应该为社区做点儿事情,出一些力。这也是一份责任！

  生活在城市里，社区就是一个家。工作之余，每一个家庭里的人都要到社区和别的居民交流，而且社区也是孩子玩耍的地方，是童年的记忆，因此社区文化建设很重要。和谐社区就是一个和谐的家，在社区里做志愿服务，也是为自己服务！以后有机会，有时间，有精力，有条件，只要社区需要，只要居民需要，我们一家还会继续为社区做点儿事情。志愿服务，让别人快乐，对自己也是精神的提升！

做智慧父亲

12 幸福和谐要靠自己

旭东教育微论

在讨论家庭教育时，很多人会发现父亲在家庭教育中扮演的角色不到位。有的父亲不太关注孩子的成长，和孩子交流也少。有的父亲和孩子交流多，也赢得了孩子的信任。但无论如何，都不要把父亲角色负面化。即使粗糙的父爱也有一定的影响力。有些父亲不善于和孩子沟通，但也以沉默的形象给孩子力量。

孩子来到这个世界上，是让我们爱的。母亲节到了，那些有意让孩子给妈妈梳头、捶背和洗脚的教导都是刻意的。对于孩子，母亲承担起了真正的责任，付出了她应该付出的爱，当孩子蹒跚学步时给了孩子温柔而充满信任的目光，当孩子遇到困难时给予了鼓励和支持……点点滴滴，真爱让孩子终生难忘。

2013年，我们家光荣地被评为北京石景山区"幸福之家"，还被评为"首都和谐家庭"。石景山区有关部门多次安排我们家人去介绍经验，让我谈谈和谐家庭是如何创建的。

我们家属于典型的三口之家，幸福和谐，全家人身体健康，而且都积极向上，算是一个比较受人尊敬的家庭，不但社区干部称赞，居民也交口称赞。

第七辑　倡导宽容有爱的家风

现在社会上，有不少家庭出现了问题，比如说，有的家庭是啃老家庭，年轻的夫妻和孩子主要依赖老人，靠老人带孩子，烧饭做菜，甚至还靠老年人的退休金生活。有的家庭，年轻夫妻和长辈之间关系不融洽，不团结合作，时有矛盾发生。有的家庭，夫妻离婚，孩子孤僻，老年人也无法感受晚年的快乐。有的家庭，老年人对年轻夫妻要求过多，干涉太多，也造成了子女不团结，家庭不和谐的现象。这些主要是因为家庭成员之间没有处理好关系，没有找到各自的家庭角色，没有把爱真正奉献给对方，而且这样的家庭，大部分不太参与公益事业，不愿意为大家服务。

下面，我来谈谈我们这三口之家的一些和谐幸福的秘诀吧，也算是和大家交流，交心。

1. 遵纪守法，恪守公德。每一个家庭成员都在扮演着一个社会角色。从理论上讲，不爱工作的人，不热爱生活的人，也难以处理好家庭问题，难以在家庭里做好自己应该做的事情。因此，遵纪守法，恪守公德，做合格的公民，是和谐家庭之本。我本人现在大学任教，工作二十年来，一向遵纪守法，既教书又育人，曾两次被评为北师大优秀共产党员，还被评为北方工业大学优秀班导师和北京市师德先进个人。在北方工业大学，我曾担任过一届民族班的班主任。那些来自西部的孩子大都家庭贫困。我了解了学生的基本情况后，有针对性地关心贫困学生，帮助他们克服学习、生活上的困难。有一位甘肃女学生，生活费不够，也买不起手机，我就资助她。还有的学生，很自卑，难以适应大学生活，经常感到焦虑，我就多次找他们谈心，沟通感情，让他们找到方法，释放焦虑的情绪。在社区里，我们也争取做合格的社区公民。我的家人爱护公物，遵守社区文明规范，

从不损坏社区花草树木。社区里组织文明社会活动，我还带领学生帮助社区宣传十八大精神，为社区精神文明建设出力。

2. 家庭和睦，邻里和谐。夫妻互敬互爱，父母关心孩子，是家庭和谐幸福的保证。而且要善于处理和邻居的关系，尽量帮助邻居，关心邻居。在社区里，人们经常可以看见这样一个场景：我们一家人在晚饭后，一起手拉着手散步。我和妻子谢毓洁结婚十多年了，几乎不吵架，不打架，遇到一些问题，总是一起商量讨论，家庭生活民主自由。我和谢老师也尽可能地关心邻居。邻居宋老师的女儿和我女儿一般大，她们都在实验小学读书。宋老师两口子工作忙，有时候不能按时接孩子，谢老师主动去帮助接送。楼下的女孩丫丫和我女儿也在同一所小学上学，有一阵儿生病不能走路，家里又没有车，谢老师主动帮助接送她上学，整整一个冬天丫丫都没缺过课。有一次，谢老师从超市回来，在社区里遇到了一位老人倒在地上，她走过去一问，原来老人突发心脏病，当时情况十分紧急，谢老师赶紧开车把这位生病的老人送到了石景山医院，因为抢救及时，这位老人没有留下后遗症。老人出院后，他的女儿一再表示感谢，要给谢老师礼品，谢老师笑着说："这是小事，我们都是邻居，这是应该做的。再说，哪有见到老人患急病倒在地上而见死不救的呢！"同一楼层的另外两户邻居，我们相处得非常好，有时候，谁家有了好吃的，还互相送一点给对方。我的邮件多，特别是快件多，有时候我们家里没人，邻居就热情地帮我们收取。可以说，我们和邻居关系非常和谐，好像是一家人一样。

3. 爱岗敬业，诚实守信。我们一家都爱工作，爱学习。我在北方工业大学教书，不但教学受学生欢迎，科研也比较突出，承担过教育部、北

第七辑　倡导宽容有爱的家风

京市多项社科规划项目，还出版了多部理论著作。2010年10月，我以文学理论著作获得了国家最高文学奖鲁迅文学奖，受到了很多媒体的关注，也受到了国家领导人的祝贺。我还有多部图书获得冰心图书奖、三个一百原创图书奖等。谢老师也出版过学术专著，还有多部译著出版。我和谢老师两人出版的各类图书，就达几百本。我们一家也讲诚信，对人很真诚。有一次，谢老师到楼下的小店里买菜，售货员把五十元的钞票当成了十元找给她，回到家发现后，她赶紧还给了售货员。还有一次去银行存款，工作人员搞错了，多了一位数，谢老师及时指出，避免了银行工作的失误。我的学生有什么问题来找我，我都尽量帮助解决。特别是每年学生毕业时，要指导多篇毕业论文，我都会认真负责地指导，直到学生写得比较优秀，达到合格标准，甚至优秀。这样的事例很多，不一一列举。我总觉得，人无论在哪里工作和生活，都要真诚守信，为人厚道。

4. 健康生活，节能环保。我们一家喜欢过低碳环保的生活，节约用水用电，比一些三口之家用水量用电量差不多少一半。比如说，我们经常会把洗蔬菜的水和洗衣水收集起来，留着冲马桶。这些看似"小气"的行为，却节约用水，保护了水资源。我常常对女儿说："我们生活在北京，这是一座缺水的城市，我们更要节约用水！"我们家的生活垃圾从不乱扔，都是分类整理用袋装好，放到垃圾箱里。我们家有车，但一家人出行也很少开车，都尽量乘地铁、坐公交。我本人出去开会、上班，都尽可能步行或乘公交、地铁。周末时，我们一家人还经常爬西山，我觉得爬山不仅仅锻炼身体，还培养坚强的意志。每一次爬西山时，我都带着女儿爬到七处，站在最高峰，远眺北京城，我对女儿说："站得高，才能看得远！登

东山而小鲁，登泰山而小天下。爬山会让我们懂得很多人生的道理！"夏天时，如果没有大风，我们一家人常在社区里打羽毛球，锻炼身体，也带动了一些家庭参与锻炼。

5. 学习进取，热心公益。现在提倡构建学习型社会，其实，社区和家庭也要有学习的气息。我们家有一个特点，就是爱学习。到我家去，一打开门，相信你一定会感到惊讶：客厅里三面都是书，没有电视机，卧室也摆着书柜。大部分空闲时间里，我们一家人都在读书。夜晚通常的情况是，我在客厅里读书，谢老师在卧室兼书房里读书，女儿在自己的房间里练琴或读书。我有了问题，就和谢老师讨论；谢老师有了问题，也喜欢和我讨论。我们一家三口经常会在一起商量事情。有一次参加居委会组织的活动，得知居委会设了一个图书室，我就拿出了400多册崭新的文学杂志和图书，捐赠给居委会图书室，给社区里的老人和孩子读。我还义务指导社区家庭进行亲子阅读，给社区居民做阅读指导讲座。我们还积极参与社区活动，支持社区工作。街道办事处组织活动邀请我参加，我总是愉快地答应。谢老师也积极参加街道办事处主办的演讲比赛，还获得了第一名。我们也鼓励女儿谭扬子积极参与社会实践，如参加社区迎新春活动，表演古筝和舞蹈，赢得了很多居民的称赞，去年，她还被评为"北京市学雷锋社区文明小天使"。2014年暑假，女儿还参加了区里和街道办事处组织的好几个活动，最近又在准备一个关于"中国梦"的主题演讲。

当然，幸福和谐家庭的营造并非一朝一夕的事情，一定要长期坚持。幸福和谐家庭的营造也不能仅仅只顾自己的小家。如果不关心别人，不关心国家大事，不关心集体，那么，这样的家庭就是自私的小家庭。我有一个观点，家庭是社会的元素，也是社区最活跃的元素。社区文化建设，离不开家庭文化建设。家庭文化应该是和谐文化，与构建和谐社会是一个道理。而且家庭和谐要与社会和谐连通起来，才能做到真正的和谐。所以，我们一家三口在社区邻里乡亲的关心下，在社区管理干部的关心下，在同事和朋友的关心帮助下，一直在坚持不懈地朝着幸福的目标迈进。

非常荣幸的是，我们家当选为"首都和谐家庭"，还被评为石景山区"幸福之家"，我本人还被评为石景山苹果园街道的"优秀志愿者"。这是大家对我们的信任，也是对我们一家人同心同德建设幸福和睦家庭的努力的肯定。今后，我们全家不但要继续努力，做遵纪守法、有爱心、讲公德家庭，还要做爱学习爱劳动的家庭。今后，我们全家不但要继续支持社区工作，还要一如既往地乐于助人、热爱生活。一句话，幸福和谐家庭要靠自己，还要靠大家！

[第八辑]

写给女儿和她的同龄人

孩子成长需要物质上的"硬件",更需要精神上的"软件",否则,他们的情感是僵硬的,思想是萎缩的,眼神是麻木空洞的,他们感受不到童年的幸福。没有一个幸福的童年,很难有一个健康的、阳光的、蓬勃向上的人生。

第八辑 写给女儿和她的同龄人

1 跨进一年级的门槛

旭东教育微论

> 儿童天生有向善之心,有对理想世界的追求的愿望。儿童初期是生活在幻想之中的,认为一切有美好的愿景。儿童把"好的对象"定格在脑海中,希望有满意的情境和幸福的情境。于是儿童心中有"和平之岛"与"心灵花园"的幻想。

从五彩缤纷、活泼有趣的幼儿园,走进严肃严谨、书声琅琅的小学,一年级是一道门槛。

跨过一年级的门槛,意味着你不再是爸爸妈妈心目中的幼儿。爸爸妈妈不再担心你不会尿尿,不再担心你不会和小伙伴们游戏,不再担心你在幼儿园吃得饱不饱,因为你变成了小学生。小学生,学习就是你最大的任务,爸爸妈妈开始期待你茁壮成长。

一年级了,每天一大早你就要准备好课本、纸笔和其他的文具,一大早就要背起书包去学校。一年级,你开始有了同桌,而且每天都坐在教室里,面对黑板,认真听老师讲课。

一年级了,无论是语文、还是数学、英语,还是劳技、体育,老师都要开始讲授知识,要布置作业。每天的课堂,你都要认真听讲,如果开小差,做小动作,打瞌睡,那么小测验、期中和期末的考试时,你就会觉得很难很难,甚至可能会不及格;如果平常的作业不认真做,很多知识点你就无法巩固。因此,你想做一名优秀的小学生,就从一年级开始好好学习吧,课堂上表现好一些,积极回答老师的提问,认真完成每一份作业。

一年级的学生,你依然可以任性,但上课时,可别老想着窗外小鸟的叫声,还有田野里飞舞的蝴蝶,街道边商店里的冰淇淋……学校里要讲很多规矩,《小学生守则》里有很多要求,但最主要的是,不能迟到、早退、旷课,更不要打架、斗殴、逃学。做小学生有点累,但也值得你坚持不懈的努力!

一年级的学生,你会面对阳光,开怀大笑;你会面对阴雨,心情敞亮。一年级的学生不相信眼泪,更不相信做一天和尚撞一天钟会有多么逍遥自在。一年级的学生,不用老师的反复强调和爸爸妈妈的耐心说服,就要学会自立自强,尤其要养成自学的习惯。跨进一年级的门槛,你要记住,无论如何,爸爸妈妈的叮咛,还有老师们的嘱咐,都要牢记在心。

一年级的语文课,还不是太难,学生字生词,理解一些句子的含义,也学一些简单的文学知识。如果你喜欢读书,一定会认识不少字,一定会爱读童话,读故事,感受故事的乐趣;一定会爱读诗歌,理解诗歌里的情感,体验美的词汇,你会觉得有诗歌的日子真好。

一年级的方格稿子,是你放飞梦想、张扬想象力的天空。你学会了写字,学会了表达,学会了用文字记录自己的心情,学会了用文字讲述自己的所见所闻所感，学会了从书籍里得到营养，学会了感受文字世界的魅力！

　　一年级，是一道门槛，快乐地跨进去，勇敢地跨进去，开始做一名合格的小学生，亲近阅读，感受书香，让心灵接受爱和美的熏陶！

2　女儿，悄悄告诉你

旭东教育微论

和一位家长聊天，她抱怨说：早知道芭蕾考级都不算特长了，我就不用老陪女儿来跳舞了。不少家长让孩子学唱歌、跳舞，不是因为孩子喜欢，而是因为家长认为对升学有好处。培养孩子的艺术特长，还是要看孩子的兴趣。孩子不喜欢，但家长硬是逼着学，其实，孩子学得累，家长自己也不轻松。

在家庭教育中，有一个问题可能要引起很多家长的注意，就是如何有效地投入。现在，孩子要吃要喝，尤其要吃快餐，家长一般都很舍得，但购买玩具和图书时，一些家长就喜欢挑便宜的了。市面上劣质玩具很多，给孩子玩不但容易损坏，还可能因质量问题对孩子健康有影响，而劣质图书的害处更大。

悄悄告诉你，我的女儿。

每当遭遇挫折时，我们多么希望得到别人的帮助，哪怕是一句宽慰的话，哪怕是稍稍伸出的一只手！你知道吗？再刚强的男子汉，也有落泪的时候，不要以为眼泪只属于女孩，不要以为男子汉就没有痛苦。再坚定的心，有时候也会彷徨。

悄悄告诉你，我的女儿。

第八辑　写给女儿和她的同龄人

每当受到伤害时，我们多么希望得到真诚的友谊，多么希望得到无私的亲情。要知道，一个人不可能是十全十美的，一个人不可能永远不犯错误。如果我们斤斤计较，就不能容忍别人的个性，更不可能把温和的心与他人碰撞。我们希望别人不要因为我们的一点点错，就要给我们仇视的眼神。我们希望每一位朋友都会把理解慷慨地馈赠，把爱的手伸出来。

悄悄地告诉你，我的女儿。

童年时我们多么希望快点儿长大，像爸爸那样成熟并且能坚韧地扛起生活的重负，像妈妈那样任劳任怨地劳作，从不叫一声苦，喊一声累。可今天，当我们长大了，我们多么希望自己能够回到幼年，重新变成一个可爱机灵的孩子，没有作业，没有考试，过着无忧无虑的生活。夜晚去数天上的星星，清晨踏着露水在草地上奔跑，上午在山冈上烂漫地嬉笑，傍晚在溪水边望着远方的夕阳无邪地遐想。知道吗？生活并没有幼年想象的那样单纯，日子也不像小时候那样有趣。长大了就有烦恼，成熟了就要承受压力和痛苦。有时候，我们真的希望自己还是一个小小的孩子，让爷爷奶奶牵着小手，让爸爸妈妈抱着我们，走在假日开心的旅途上。

悄悄地告诉你，我的女儿。

童年时期，每一个人都有自己的秘密。希望我们能够彼此倾诉。无论是快乐、开心，还是委屈、痛苦，希望我们共同分享。

3　钟爱时光

旭东教育微论

有调查显示，五成学生拒读名著，而爱读言情小说。这种现象说明：第一，中小学校在课外阅读指导和引导方面有问题，缺乏真正的校园阅读文化；第二，家庭阅读氛围不浓，很多家庭父母不读书，更没有读经典的习惯；第三，社会流行读物太多，童书出版良莠不齐，影响了青少年的阅读选择。

有家长反映，书店里儿童图书太杂，高品质的书不多。这个问题应该是要正视的。出版产业化之后，市面上出现了很多快餐式的故事书，孩子读了以后，虽然一时开心，满足了搞怪的心理，但其实对培养良好的阅读习惯没好处。最初的阅读，一定要纯正，要读好书。

如果让我说，钟爱什么？我会说，钟爱时光。

的确，生命的每分每秒，都值得珍惜，值得留恋，值得追忆。

是呀，当你从呱呱坠地那一刻开始，妈妈就用深情的目光注视你，爸爸就用宽大的手掌抚着你，奶奶就用粗糙的手牵着你……成长的每一段时光，不是生命最美好的吗？

如果让我说，钟爱什么？我还会说，钟爱现在的时光。

第八辑　写给女儿和她的同龄人

现在的时光，多么美好！在家庭里，有爸爸妈妈的精心呵护，能够享受最温馨的家庭气氛；在校园里，有老师们的耐心培育，能体会到最温馨的情调；在原野里，能采摘最甜美的果子；在溪水边，能听到最活泼的音符！

现在的时光，多么美好！你看，天空湛蓝湛蓝，鸽子敏捷地掠过低空，大雁把童年的梦想驮到遥远的地方。你看，春光越来越明媚而娇艳，啊，那开满鲜花的原野上有一群彩蝶在飞舞，就像是伶俐的天使，召唤着你去欣赏春天，去感受这最初的生命的魅力。你看，秋色越来越柔和而饱满，啊，那弥漫果香的山坡上飘浮的几朵白云，就像甜甜的棉花糖，诱惑着你亲近它，让你感受到秋天的丰富与快乐！

现在的时光，多么值得钟爱！你听，孩子的脚步声跨过木质的门槛，踢踢踏踏地在青草地里响起来，妈妈的目光已经走出了那蹒跚的身影，彩色的记忆唤醒了天真无邪的目光。你看，少年的诗情从青葱的草地上疯长起来，华丽的词语被小鸟们大声地朗诵，太阳金色的光芒伴奏着，秋天变成了一支收获的交响曲。

怎能不钟爱这些时光，这些美好的时光！播种的日子，梦想的季节，让我们走近它，拥抱它；收获的日子，快乐的岁月，让我们把笑声和歌声留住，把小小的梦连同一枚枚红果小心珍藏。

4　要有改变自己的能力

旭东教育微论

　　我们的教育总是目的性太强，学什么，一定立刻要一个结果，就像我们做人一样。难道这也是国民性?!人文主义的教育，应该更多的是关怀心灵，更多的是爱护个性，更多的是养成美德。如果孩子一心想要做一位诗人，为什么我们要阻拦她的梦想？就让她坚持不懈，去做诗人好啦。

　　"让每一个孩子都能成为有用之才。"这是一位在某市教委工作的朋友寄来的贺卡上的话。我觉得，教育的目标并不是培养有用之才，每一个人只要身体健康，长大了肯定能有用武之地。把"有用"当作目标，一是太功利，二是要求太低。教育应该培养美好人性，建构理想，促人勤奋。

看到一段励志的话，其中有五句，很值得我们学习和品味：

①当你再没什么可失去时，就是你开始得到的时候；②学习要加，骄傲要减，机会要乘，懒惰要除；③1%的人是吃小亏而占大便宜，99%的人占小便宜吃大亏；④一个人成功的前提是他有能力改变自己；⑤真正的财富是一种思维方式，而不是月收入的数字。

第八辑　写给女儿和她的同龄人

　　第一句话，如果你从字面意思看，可能会理解不透。"当你再没有什么可失去时，就是你开始得到的时候。"仔细想一想，说得很有道理。要想得到，就要付出，就要失去很多。所谓"舍得"，有舍才有得。舍到一定程度，就会有所得了。因此，真正收获的时候，往往是不需要再失去什么了，或者失去也算不了什么的时候。

　　第二句话，好像从小到大，老师都反复对我们说过。但要坚持做下来，可不容易。人不能浅尝辄止，不能一知半解，不能似懂非懂，做什么、学什么，都要尽量做到或学到熟能生巧的地步，而这些，则要求人不能懒惰，要勤奋，要刻苦，要耐得住寂寞，要甘于坐冷板凳。不然的话，即使有了机会，也只能看着如流星飘过。

　　第三句话，很值得记住。怕吃亏的人，往往斤斤计较，干不成大事。为了一点点利益，就纠缠得没完没了，这样的人，领导烦，同事也怕，谁也不愿意与他合作。占点儿小便宜，满足一时心理，其实是目光短浅，是捡了芝麻、绿豆，丢了西瓜。宁亏于我，勿负于人，这是一种美德。不要怕多付出一点，为了集体或同事或朋友或同学，多多避让，多多谦让，会赢得别人的尊重。

　　第四句话，至少对我有极大的冲击力。有能力改变自己，这是现代人的标准。如果总是受制于外在条件，从来不敢也无法改变自己，那注定是被动的人生。现实生活中有很多困难，环境有时候会苛刻得让你难以承受，但你改变不了环境，至少可以改变自己。这样一来可以适应环境，二来也可以创造新的环境。或者说，有能力改变自己，至少你可以不过多地受别人的控制，因为你有生存的能力。

第五句话,我感觉,对还在求学上进的朋友来说,是非常有启发的。如何看待成功?如何看待财富?是拥有亿万家财吗?不是的。真正的财富是有创造性的思维能力,有敢于挑战传统与现实的胆魄和能力。也就是说,善于创造,敢于打破常规,愿意去探索,这样的思维,才是真正有价值的。

说了这么多,一句话,要有改变自己的能力。当然,我希望改变自己时,是朝着美好的更高的方向和目标前进的。追求卓越,享受美好,这才是真正的人生!

第八辑 写给女儿和她的同龄人

5 有几个词值得品味

> 教育是一种唤醒。唤醒灵魂，唤醒潜能。其实，每一个孩子都有生命的智慧，都有成长的潜能。父母和老师发现了孩子的智慧，意识到了孩子的潜能，就可以用切实的言行来唤醒孩子内在的生命潜能，激发孩子向上的力量，引领孩子追求理想，追求卓越，追求美好。所以说，爱是发现，也是唤醒。
>
> 带女儿去逛庙会，听到一位妈妈拉着孩子的手，说："你听不听话呀，不乖，妈妈不带你来玩了。"乖、听话、顺从、低调，一直是中国人为人处世的至理，也是中国人教育孩子的名言。乖、听话、顺从、低调，还被奉为传统美德。其实，我们需要塑造的灵魂，要有个性，要敢于特立独行，冲破束缚。

读了很多书，但不管作家或者作者写的是什么，最终都是促使我们做好人与创造美好生活。

最近，读到一位作家的书，我很推崇书中这几个词：

1. **勤奋**。我们大部分人都是普通人，都来自普通的家庭，甚至是底层的贫困的家庭，没有谁给我们现成的巨大的财富以确保我们一生衣食无忧。而且我们的智力也是一般的，知识也不可能天生就有，因此，只有自

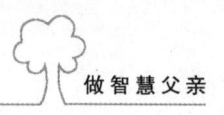
做智慧父亲

己努力学习、工作，勤奋，勤奋，再勤奋，才可以求得知识、创造财富。

2. 踏实。我的父亲是一位乡村中学老师。在那个贫困的年代，他和母亲两个人养活了我们兄弟姐妹四个孩子，还赡养了爷爷、外公和外婆。我记得父亲每到寒假和暑假就做木工，用自己业余的手艺挣一些外快，以补贴家用。他从来没有抱怨过，也从来没有期待过别人的施舍，都是自己踏实干活。小时候我常跟在他身边做他的帮手，他每做一件家具，打一样窗格子，或做一个小箱子，都让我感到一丝不苟。父亲的这种踏实，在我童年的心里播下了种子，我长大后离开父母，独自在外闯荡，我什么都不相信，只相信踏实做事肯定会有好的结果。至少，踏实做人做事，可以养活自己和家人。

3. 宽容。宽容就是对自己要求高一些，对别人要求低一点。或者说，不要对别人怀有偏见，多理解别人，即使别人伤害了你或冒犯了你，也不要耿耿于怀。更不能以小人之心度君子之腹。我参加工作快二十年了，经历过很多，也遇到了各种人，那些心地狭隘、自私自利的人最终不会有好的结果，甚至过得很惨，有的还得到了可怕的报复。在文学界也一样，那些持有宽容心的作家和评论家，大多数会写得比较好，走的路会更宽，生存能力会更强。

4. 爱心。爱心就是在家里爱孩子，爱家人。在外面尊重别人，也热爱生活。爱心是一种正向的情感，那些自私自利的爱，不是爱心，恰恰是丑陋的。爱心，意味着不麻木，对别人的诉求有良好的善意的反应，对朋友的需要尽可能地给予帮助。做老师，爱心就是尽可能关心学生。在工作中，爱心就把本职工作做好。

第八辑　写给女儿和她的同龄人

5. 与人为善。这句话是对所有人说的。与人为善就是做好人,不坏别人的事,在别人需要的时候尽可能地帮一把。做官员的,要与人为善,就是不要以权压人;做百姓的,也要与人为善,帮不了别人,至少可以祝福别人。

6. 诚实守信。诚实是一种品德,守信是一种美德。谎言和欺骗,两面三刀,最终会使灵魂负债累累,伤肝伤肺,最终害的还是自己。我的论文曾经被几位教授抄袭,我写信告诉他们,如果学生知道你写的著作是抄袭的,你想想,会有什么后果?后来,我遇到有人诽谤我,说我的著作抄袭,我写信对这个诽谤我的人说,请不要说谎话,不要败坏了自己的学品。

7. 永不放弃。做什么事情,只要是好的,就不要放弃。人生的目标一旦定下,就要坚持不懈。"三天打鱼,两天晒网""一天一个主意""说过了,做不到""程咬金的三斧头——虎头蛇尾"……诸如此类,都是没有恒心、毅力的表现。如果坚持了,努力了,不放弃,就会到达希望的彼岸。

8. 梦想常在。梦想,就是动力。梦想,也是一种热情,一种希望,一种永不熄灭的灯火。青春期有梦想,人的一生也要有梦想。没有梦想,何来梦想成真的惊喜呢!

6 有书的日子真好

旭东教育微论

在做儿童阅读讲座时,我给家长算了一笔小账:给孩子买100本世界儿童文学经典,如果在网络书店订购,因为经常打折,1200元就够了;给孩子订一份综合性少儿期刊、一份儿童文学刊物,300元即可;买50本国内作家最新童书,500元就够了。城市家庭,每一年花2000元给孩子买书,还是值得的。

小学生阅读,也可以读一些综合性少儿期刊。如《小葵花》《少年月刊》《小学生导刊》《小学生之友》《儿童大世界》《课外生活》和《少年时代》等等。这些刊物以文学阅读为主,也辅导写作,同时也有一些其他类的知识短文和趣味游戏。既有娱乐性,也有阅读价值,有益于多元化阅读。

无论是童年,还是少年,书都是我们最好的伙伴。起初,我们读书,爸爸妈妈和老师只是让我们认几个字,渐渐地,我们认识的字多了,会理解文字的含义,于是,我们开始读故事、读小说、读童话、读诗、读散文,读各种有营养的书籍。

今天无论乡村,还是城市里的孩子都无法想象谁会没有书。但小时候,我的一些童年的伙伴就是没有书的孩子,他们无法上学,每天只能去放牛、割草，去做爸爸妈妈安排的农活。他们喜欢在野地疯跑，会流着鼻涕，满嘴粗话，他们不懂文明礼貌，只会大喊大叫，但他们看见我背着书包，都露出了羡慕的眼神。我的这些童年的伙伴，他们大都是没有读过书的孩子，并不是因为他们不想读书，只是家里太穷，而且在偏远的山区，很多人认为读书也没有用。但我一直觉得，读不到书的孩子，就像没有得到阳光照射的小草。我也一直觉得，没有一个孩子不爱书，书里有多么美妙的世界，书能给我们多少知识和思想的启迪，遗憾的是，现实生活让有些人失去了读书的机会。

能够读书，有书相伴的日子真好！有了书，就要珍惜它们，要认真地品读。在教室里，在图书馆，在家里，在白天，在夜里，在台灯下，认真读书。歌德说："读一本好书，就是和许多高尚的人谈话。"高尔基说："书籍是人类进步的阶梯。"的确，一本书就是一个台阶，一本书就是一个知识密码箱。当我们掌握了一本书的知识，就离智慧的人更近了一步，就变得更有知识，更为文明，也更有力量，我们离理想的彼岸也越近了。

书是最值得我们依恋的，有了书，日子不会那么无聊，精神不会那么空虚，我们的眼神不会那么迷惘，更不会面对远方的天空，发出低低的叹息。有书的日子，天是蓝的，太阳是新的，小草都透着鲜亮，而小鸟的叫声也特别清脆。有书的日子，梦想飞起来，在屋子里旋转着，旋转着，像优美的音乐一样，像美丽的羽毛一样，会飘到窗户外面去，会飞到遥远的天际。有书的日子，和小伙伴围坐在一起，一起分享着故事和小说，感受着人物的命运；一起理解着诗的韵律和节奏，体会散文的情调，那是一种享受，一种进入文字世界后独特的享受，它比夏天的冰淇淋还凉爽，比冬

做智慧父亲

天的火炉还温暖，它是秋天的红叶，是春天的蓓蕾，是四季常青的植物。

有书的日子真好！在窗边读书，在绿荫下读书，在教室里读书，耳边仿佛有风铃叮叮当当响起来，耳边仿佛有诗歌的旋律在小屋里回荡，那是在召唤热爱诗书的心灵，去关注美好，去想象未来，去期待明天。

有书的日子真好！有书相伴，不孤单，不寂寞，不颓废，不迷惘！

第八辑　写给女儿和她的同龄人

7　生活就是一门艺术

旭东教育微论

> 我一直觉得对孩子的教育，一定要注重心灵的熏陶，特别要注重坚韧不拔性格的塑造。我们传统文化里，讲中庸之道，讲妥协，且大家都把它看作是为人处世的金科玉律。其实，就这种思维害了孩子。为什么要妥协，而不去鼓励孩子竞争，去保持个性呢？越是文明的社会，越能包容有个性的人。
>
> 我很反感儿童读经，并非有什么利益在左右。小小的孩子摇头晃脑去读那么古旧的文字，里面无非就是成年人的规训教条。有人认为古经文语言很规范，有节奏，适合朗诵。但我认为孩子应该多听一些优美的旋律。活泼的生命，应该和活泼的自然的语言和事物同构对应，那才符合童心发展的规律。

生活讲究艺术，生活本身就是一门艺术。你看，大自然里的景象，千姿百态，难道不是天工造物？难道不是奇异的创作？还有生活中的每一个人，都是那么千差万别，各式各样，而且每一个人的心灵世界都是那么神秘，充满着难以描述的奇思妙想。因此，只要你愿意去品味生活，去欣赏周围的景物，你就会获得很多新的发现，你就会获得很多的乐趣，你就会获得精神的满足。

在与孩子的交往中，我也发现了很多值得家长注意的问题。自从女儿出生以后，我发现自己的很多言行都是要非常注意的，不然的话，女儿是很容易模仿的。而且在教育女儿的过程中，我也感受到了生活的快乐，也感受到了创造爱与美的生活是一门艺术。

比如说，一旦发现了女儿身上的优点，我们就要及时表达自己的肯定和赞叹，让女儿感受到自己受到了爸爸妈妈的关注。女儿喜爱绘画，喜欢堆积木，我们有时候就要一起参与，和她一起创造美的世界。女儿爱读书，我们自己也要多读一些女儿感兴趣而且对女儿成长可能很有利的书，并且与女儿一起分享阅读的乐趣。我们经常带女儿到社区里散步，当女儿拉着我和她妈妈的手在林荫道上漫步时，我觉得女儿和我一样感受到了亲情的温暖，也感受到了和谐生活的美妙。

儿童是一位创造者，更是一个发现者。在与孩子相处的日子里，我也变得越来越对美好的事物和生活敏感起来。每当听到女儿银铃般的笑声时，看到女儿为路边的一朵小花而惊喜得叫起来时，我就感觉自己也成了一个快乐的艺术家。

用一颗爱心去触摸世界吧，用美的眼光去审视你周围，你会更加热爱生活，你会更加感受到世界是那么美好，而你会幸运且幸福地生活在亲人的呵护中，工作在快乐中，游览在美景中，行走在理想中……

第八辑　写给女儿和她的同龄人

8　文明人有良好的习惯

> 良好的阅读文化是解决童年危机的一服良药。电视、网络游戏对孩子的负面影响很多，尤其是电视和网络中的低俗文化，对孩子的审美趣味的培养构成了威胁，因此，我们需要正面的、优美的、有正确价值观和纯正审美趣味的作品来丰富孩子的阅读，让他们在课外能够亲近文字世界，能够享受到书香的熏陶。
>
> 在微博上常会看到一些把儿童当作戏耍对象的段子和图片，建议大家看到了不要转发，更不要跟着戏弄和嘲笑孩子。对孩子不尊重的人，是最不尊重自己的人。特别是从事儿童教育、儿童文学创作和童书编辑出版的人，更不应该参与这些不负责任的文字游戏。学会敬畏童心，学会呵护童年，要从我做起！

旭东教育微论

带女儿在社区里散步，经常会发现有些居民很不讲文明，很不讲公德。如，有的人喜欢养狗，但每次遛狗时，都不拴狗绳，有的人还让狗到处拉屎撒尿，有的人随便带着狗乘坐电梯。还有些人乱停车，社区里画定了一些停车位，但有些人就是不把车停在合适的位置，偏要随便停车。

有一次，我和女儿一起乘电梯下楼，有一位男士在电梯里抽烟，我当场就告诫他："不要在电梯里抽烟，这是公共场所，再说很多妇女儿童受

不了这股烟味！"这位男士很不高兴，好像要揍我似的，但又不太敢。女儿说："这人在电梯抽烟，好不文明。"北京市早就有通告了，公共场所要禁烟，但很多市民还是喜欢在公共场所抽烟，而且把烟头乱扔。每次带女儿出去，一旦看到这些不良现象，我都会告诉女儿，这些都是不允许的。

并不是我好管闲事，我要让女儿从小懂得做一个文明人的基本常识。在出去游玩时，我看到有些家长即使看到孩子乱扔垃圾，也不制止；有些家长自己也随地吐痰，所以孩子也跟着随地吐痰；有些家长带着孩子去逛公园，大声嚷嚷，吵吵闹闹的，孩子呢，也像野孩子一样，到处奔跑，大声喧哗。我在想，如果家长不注意在公共场所的行为举止，不讲公德，将来孩子长大了，一定不会是文明的人。

我常对女儿说，做一个文明人，是需要培养多方面素质的。比如说，良好的习惯就是每一个文明人应该有的。良好的习惯与我们的日常行为有关，它要求我们懂得文明礼貌，懂得尊老爱幼，懂得谦虚谨慎，懂得卫生环保，懂得遵守纪律，懂得很多生活常识。良好的习惯要求我们从日常生活的点点滴滴出发，认真做人做事，认真学习生活，认真待人接物。养成良好的习惯需要坚持，需要恒心，需要毅力，需要从我做起，从今天做起。告诉你一个培养良好习惯的秘诀吧：明天早晨当你按时起床，上学不迟到时，你就发现了你已经有了一个良好的习惯。

第八辑　写给女儿和她的同龄人

9　每一个人都像一颗种子

> 我很欣赏周国平关于教育的一些看法,他认为教育的真正灵魂,就是守护人性。当今社会,很多人价值观错位,不讲道德,这与教育有关。
>
> 有人说,给儿童的教育应该是个什么样子呢?这个问题,很多教育家都在探索,都有自己的看法。但我想,给孩子的,应该是让他们踮起脚才能摘得到的苹果。无论是儿童文学,还是儿童教育,都应该有一定的高度——审美的感召力,精神的提升性,人格的升华力。儿童教育不能单纯以知识教育为目的。

有一天,女儿问我:"爸爸,我到底算是哪里人呀?"我说:"你就北京人呀!"的确从户口来看,女儿就是北京户口,当然算是北京的居民。

但女儿这么一问,我心里明白,她是对自己比较复杂的出生成长地有些不能理解。她出生时,是在安徽外婆的家里,但女儿出生时严格来说是属于黑户口。因为那时候我在读博士,她妈妈在读硕士,我们两个人都不是哪一个单位的正式员工,所以女儿没法落户,只能让女儿的户口落到了湖南老家。到女儿五岁时,在北京上学要正式户口,我才突然觉得要赶紧

把女儿的户口迁过来。那时候,我和她妈妈都进了北京的大学教书,但因为各种原因,把女儿的户口从湖南老家迁过来,可以说是费了很多劲,也亲身体验到了政府有关部门的低效率和恶劣的服务态度。

女儿班上的同学大部分都是出生在北京,也有一部分是父母属于没有北京户口的"北漂"。像我女儿这样,出生地、初始户口所在地和现在户口所在地属于三个不同地方的孩子很少。所以每次女儿介绍自己的出生情况时,都不知道该怎样准确表达。她问我她到底是哪里人,我告诉她是北京人,但我又觉得这样不太准确,所以,有一天,当女儿再次提到这件事时,我就告诉她:"你很幸运,你的幼年在好几个地方生活过,等你长大了,你就有好几个故乡呢。"

我还告诉女儿,我和她妈妈为什么要从安徽跑到北京来。我对她说:"每一个人都像一颗种子,都要被理想的风吹到很远的地方,也许是在另一个遥远的乡村,也许是在遥远的都市,种子落下来,然后开花结果,长成大树,结出硕果。种子长大了,变成了伟岸的大树,它却离不开养育它的泥土,它的根还深深地扎在泥土深处,汲取着地底下的营养。"

我也告诉女儿,通常,人们把养育自己的土地叫乡土,而离开乡土的生命叫游子。不管怎么叫,每一个人都离不开自己的根,都不能忘记自己的故乡和亲人,都不能把爱遗忘。

第八辑　写给女儿和她的同龄人

10　告诉孩子什么最重要

旭东教育微论

> 儿童天生有向善之心，有对理想世界的追求的愿望。儿童初期是生活在幻想之中，认为一切有美好的愿景。儿童把"好的对象"定格在脑中，希望有满意的情境和幸福的情境，它们成为"我的本质"的一部分，并增加其能力，以达到完整性。于是儿童心中有"和平之岛"与"心灵花园"的幻想。

看到一条微博，它告诉孩子什么是重要的：

1. 旅行比上课重要；2. 主见比顺从重要；3. 兴趣比成绩重要；4. 良知比对错重要；5. 幸福比完美重要；6. 信仰比崇拜重要；7. 成长比赢输重要；8. 察己比律人重要。

这条微博被转发很多次，很多人都认同。尤其是一些家长，都认为这八条对孩子来说很重要。

在这里，我想用我自己的方式来理解一下这八句话，免得大家产生一些误读。

旅行比上课重要。这一句话，初看起来很好，但说得有些片面。旅行自然很好，看风景，长见识，而且还能够开阔心胸，给孩子提供一些学习为人

做智慧父亲

处世的机会。但人的精力是有限的，时间也有限。另外，对大部分家庭来说，一次旅行要花一笔不小的费用，可能承担起来很困难。因此，旅行即使比上课还重要，但对很多家庭来说，也做不到，或很难做到。但上课的确重要，上学读书，接受课堂教育，接受比较正规的学校教育，是必不可少的。一个文明的人，通常要接受系统的学校教育，而且在学校里，学生不仅仅是学知识，还可以得到多种技能的培养，以及综合素质的提高和人格的提升。因此，不可轻视学校教育，也不可低估课堂学习，更不能反对学校教育。

主见比顺从重要。这句话可以这样来理解：一个人一定要有主见，但当别人的见解是对的，或当别的建议和方案是可行的时，我们如果要与别人好好合作，就得顺从。顺从不是一味地屈从，而是在理性判断的基础之上，做出正确的选择之后的顺从。因此不要简单地否定顺从。在一个家庭里，一个集体里，总需要有一定的行动的一致性，否则的话，就会是一盘散沙，大家无所不为，无所适从，都会乱套。我们期待孩子有主见，是希望他们学会动脑筋，敢于思考，善于选择，而不是做盲从的无能之辈。

兴趣比成绩重要。在学校里学习功课也好，还是在课余学习钢琴、舞蹈和绘画等也好，都要培养兴趣。没有兴趣，学习就难以进入状态，而且很难激发自己的学习潜能。因此，无论是老师还是家长，都要重视孩子兴趣的培养，不然的话，就等于强迫孩子。不过，在学校里，成绩的确不可小视。学校里每一门功课的学习，都要经过考试的测验，因此成绩高低是一个衡量学生知识掌握程度的尺度。不可忽视成绩，漠视成绩。况且在社会上，做任何一件事、一项工作，都有成绩的判断。做得好，成绩突出，同事和领导就会肯定你认可你。如果你毫无成绩，那么，人家怎么认可

第八辑 写给女儿和她的同龄人

你,怎么服从你,怎么支持你?所以,我们既要重视兴趣的培养,还要争取把学习抓好,把工作做好,以优秀的成绩赢得别人的尊敬。现在应试教育过分强调成绩,让一些家长比较反感,而且孩子们为了成绩而学习,也觉得很累。但这并不意味着兴趣比成绩重要。单有兴趣,什么都爱做,什么都学了一点儿,却没有一样学得好学得精,是不够的。因此,无论是家长还是老师,不能片面强调兴趣,也不能片面强调成绩。

良知比对错重要。这句话也要好好理解,不然的话,很多人可能会觉得对错并不重要。其实,一个人要有良知,就知道什么是对,什么是错,就不会轻易做出有悖常理、违反道德和公共规则的事。可能我们的学校教育在教会学生认识对与错时,标准有偏差,那是教育本身的方式和内涵有问题。但善于判断对与错,是一个人最基本的人生常识。需要反思的是,在家庭教育里,很多父母总是以自己的判断来强迫孩子做出判断,那样的话,孩子可能会因为完全听从父母的要求,而失去了自己的判断。在学校里,有时候老师按照统一的规则来约束学生的时候,可能学生会迷信于集体的意志反而丢失了自己的判断。特别是现在的一些所谓思想政治教育,其出发点是好的,但宣扬的价值观不一定正确。在这种情况下,学生一定要坚持从善,遵从良知,而不要过分屈服于所谓的"集体意志"。

幸福比完美重要。在以上八句话里,这是我最认可的一句。中国有句俗话:金无足赤,人无完人。没有一个人是完美的,无可挑剔的。无论是美貌还是财富,都难以掩盖一个人的缺点。但一个人即使不完美,也要追求幸福。过得幸福,活得开心,人生乐观、豁达、超然一些,会获得更多的机会。作为一个成年人,经历了很多艰难困苦,也算是饱经风霜,遭遇了不少

坎坷，但我始终觉得外在的环境再艰苦，内心一定要强大。内心强大，有韧性，有坚持，有毅力，加上勤奋，是一定能够做出自己的成绩的，且会最终圆梦而幸福。人不可以苛求自己，但一定要尽量过得幸福。当然，幸福也是相对的，并不是家里堆满了金银财宝就会幸福。幸福是一种心态，是一种知足常乐，是一种不苛刻，不苛求，不怨艾，不歹毒。幸福是一种宽容，是一种信心，是一种自我调解，是一种不断丰富自我的快乐。

信仰比崇拜重要。一个人一定要有信仰。但对孩子来说，信仰的建立先是需要父母来熏染的，当然，不能单靠家庭环境，还需要学校和社会来共同推动。我的理解是，信仰比崇拜要高一个阶段。童年时，少年时，我们喜欢崇拜名人明星。比如说，不少孩子崇拜名人，喜爱某些作家、歌星、影星。这是很正常的。特别是在人生的信仰还没有建立之前，是很容易崇拜某些人，或者过分相信某些观点和理论的。随着见识的人和事增多，读的书增多，阅历深了，理解力、判断力强了，就不会轻易崇拜某些人，就不会轻易相信某些观点和理论。过去，我们的教育文化会教孩子们去崇拜领袖，后来经济发展了又有些人崇拜金钱和权力，这些都是缺少精神支柱的表现。一个人有信仰，说明他变得成熟和理智了。但信仰什么，也是值得思考的。人生的信仰一定是使人向善向美的，如果你有某种坚定的信仰，却不顾他人利益，甚至伤害他人，可能是你的信仰有问题。有一个成语"走火入魔"，说的就是那种信仰有偏差的人。因此，一个人不但要有坚定的信仰，而且要有高尚的情操。

成长比赢输重要。我很赞同这句话。现在很多父母在孩子的教育方面，很急躁，很功利，自己懒惰不努力，不以亲子教育实践来探索可行的方式方法,却迷信一些毫无科学根据的教育方略。还有些人很相信那种"不要输在起跑线上"的谬论。其实,一个孩子只要父母给了他足够的关爱,在学校里得到了老师的指导,而且社会环境也给他一定的安全感,他一定不会变差变坏的。孩子出了问题,一定不是孩子的错,而是大人的错。因此所谓的"输赢观"的确要修正。孩子是成长的生命,在他的童年、少年阶段,父母一定要尽到自己的责任,要尽可能地满足孩子物质和精神的需要,同时,学校要充分地满足学生学习的需要,让学生在书香校园里得到熏陶,受到激发,从而变得智慧和丰富。

察己比律人重要。这句话也值得我们思考。察己,就是要自我反思,敢于自省,发现自己有问题、有缺点、犯错误,要立即改正,尽可能地做得更好。律人,就是对别人有要求。在集体生活中,既要察己,又要律人。尤其是领导干部,更要在察己的基础上去律人。其身不正,焉能律人?但对普通群众来说,主要是要察己,即严于律己,宽以待人。现实生活中,有一部分人对自己要求很低,却总是严格地,甚至是苛刻地对待别人,这是不对的。学校里的孩子,最需要做到的就是要严于律己。无论是学习,还是参加校园文艺活动,都要尽量遵守纪律,尊重规则。一个不守纪律、不讲规则的人,是很难养成良好的生活习惯的,也很难成为集体生活中的合格成员的。

人的成长包括两个方面:一是身体的成长,即生理的成长。二是心灵的成长,即精神的成长。只有这两个成长任务都完成了,才算是真正完善的人。以上这八句话,其实就是告诉孩子们,在心灵成长阶段,最重要的是什么。相信我的解读,会让家长们和老师们有所感悟,会让孩子们有所启发。

11 送给孩子的八句话

旭东教育微论

> 　　一个朋友向我倾诉,她儿子最近待在家里,不去学校上学了。她儿子在首都某大学上学,一直怨恨父母没有本事,心里很窝火,所以决定不上学了。妈妈没办法,苦口劝说,儿子就是不去。这种事情,我做班主任时也遇到过。现在"拼爹文化"和社会不公,对大学生影响很大,很多学生为贫贱出身感到痛苦。
>
> 　　大自然一经破坏,就无法改良。人的心灵也是一样的,一经污染,一旦堕落,就无法变善变美好。因此,无论是大自然,还是人的心灵,都需要认真保护。对大自然的保护,需要有敬畏之心,认识到人是大自然之子,失去了美好的大自然,人就无法生存。对心灵的呵护,需要修行、读好书、交好友。

　　有一次,我应一所小学校长的邀请,给五、六年级的孩子们做讲座。本来我想好了怎么讲,也做了一个很有趣的电子演示文稿。但当面对孩子们的时候,我突然冒出了一些想法,想送给他们八句话。我把给孩子们讲的八句话,写在这里,送给每一个孩子。

　　第一句话:要勤于思考。

　　每一个人都想成为真正的智慧人,但要成为智慧人,一要多读书,多学习。前人的智慧都在书里储存着，自然要读书学习，好好领会。二要勤于思考。思考就是要开动脑筋，放开思维，发挥想象力，把自己的生命激活。一个聪明的孩子懂得如何向他人学习，向智者学习；一个聪明的人也知道勤于思考，懂得如何把他人的知识化为自己的思想。如果你是一个勤于思考的人，你一定是一个掌握了学习奥秘的人，也是一个会懂得许多人生道理的人。

第二句话：做一个幽默智慧的孩子。

幽默是什么？幽默就是用智慧的语言和行为让自己和别人感到快乐。幽默不是搞笑，不是挠痒痒，幽默是让别人自发内心地喜欢和笑。趣味是什么？趣味就是让人感受一种情趣，一种美好，一种快乐，一种享受。所以幽默和趣味往往是连在一起的。一个人幽默，自然就给人趣味；如果一件事情让人觉得快乐，那一定也是有趣的经历。幽默是一种气质，是一种品质，一种提高生活质量的素质。让我们学会幽默，感受趣味，这样会使我们心胸开阔，更加智慧，越发快乐。

第三句话：把心灵冶炼得更纯净。

优美和崇高是两种不同的审美品质。当我们说什么很优美时，往往它给人一种美好的感受，给人一种心灵沉静的感觉，给人一种性格平和的印象。优美的意境往往是诗情画意的，让人如亲临其境，让人感受到一种和谐的氛围。一个人有了优美的情感，说明他的内心非常纯净，给人天真烂漫的感觉，同时也让人感受到他的心灵深处一定有吸引力有魅力有值得人尊敬的一面。做一个高尚的人，需要美好情感的熏陶，需要优美意境的洗礼。每一颗幼小的生命，要长大成人，也需要优美情感的熏染。

第四句话：做一个大智若愚的人。

大智若愚是一个成语，它的意思是指某些才智出众的人不露锋芒，看来好像执着愚笨。它出自宋诗人苏轼文集中的《贺欧阳少师致仕启》，原句是"大勇若怯，大智如愚"。在现实生活中，我们经常可以见到这样的人，他很有智慧，却不露锋芒，给人谦虚谨慎的感觉，这是一种很优秀的品格。如果一个人很聪明能干，却过分显山露水，就容易遇到阻力，给自己添麻烦。因此，我们提倡大智若愚的品格，其实也是倡导一种虚心、谦逊的品格，一种为人处世的艺术，一种取长补短的技巧，一种智慧人生。

第五句话：请理解前车之鉴。

前车之鉴这个成语，它的意思是前面车子翻倒了，后面的车子可引为教训。比喻先前的失败，可以作为以后的教训。生活中，我们会经常遇到一些挫折、困惑，甚至是失败，但只要我们善于从困境或失败中吸取教训，或者从别人的失误中提炼一些值得注意的经验，就可以在以后的学习或工作中少犯错误。俗话说，金无足赤，人无完人。有缺点、犯了错误并不可怕，只要我们能够认识到自己的不足，能够把所犯的错误改过来，就会找到前进的方向。总之，我们要时刻提高警惕，保持清醒的头脑，就会更加顺利地发展进步。

第六句话：他山之石，可以攻玉。

《诗经·小雅·鹤鸣》里有一句话："他山之石，可以攻玉。"这句话的本意是别的山上的石头，可以用来磨玉石。现在通常把"他山之石"比喻能帮助自己改正缺点的人或意见。其实，生活中处处有哲理，细心的人随时随地都可以从生活中得到人生启示。与他人相处，可以学习借鉴他人的很多长处；在实际的工作中，也随时可以总结出一些生存智慧。善于学

第八辑　写给女儿和她的同龄人

习，勤于思考，对每一个人来说，都很重要。父母给予我的头脑，是用来思考的，尤其是用于创造性思考的。

第七句话：珍惜生命的每一寸时光。

每一个人都要经历成长，都要从小时候开始，渐渐地步入成年岁月。但童年的时光，少年的日子，是生命中最灿烂、最纯真的一节，也是人生路上最青葱鲜嫩的一段，不能错过它，也无法超越它。每一个人都要经历，都要在父母慈爱的目光里，迈开童年的小脚；每一个人都难以忘记，童年时代的风筝，少年时代的月亮，那些歌，那些诗，那些战战兢兢的文字，还有那些朦朦胧胧的身影。

也许有一天人会变老，事实上人是一定会变老的，但变老了，并不意味着失去了童年，失去了少年。当人老了，童年和少年是回忆的宝库，也是生命获得新的力量的源泉。无论如何，珍惜童年的时光，把少年的心留住，把美好的理想和卓越的追求，留给自己，赋予未来。

第八句话：珍重亲情与友情。

生活中我们会遭遇很多事情，并不是每一个人都值得我们尊敬，也不是每一次经历都值得我们回味，但有些东西是我们一辈子都不能忘记的。比如说，亲情和友情，是我们最宝贵的财富。没有亲人的关爱，没有友谊的阳光，生活是多么灰暗，人生是多么可悲！难以想象，有一个人从来都不需要温暖的亲情和友情；更难以想象，有一个人从来没有享受过美好的亲情和友情！

无论走在天涯海角，无论居于何种社会地位，亲情和友情是不可以舍弃的。把无私的亲情珍藏在心里，把真诚的友谊珍藏在心里，让它们像种子一样孕育着，将来总会萌发美德的新苗。

附录 就儿童文学、亲子阅读答记者问

儿童教育和儿童阅读是分不开的。做好亲子阅读，营造好家庭阅读环境，孩子的教育差不多就成功了一半。下面是记者对我的采访稿，里面有不少关于童书、阅读的一些信息，可供家长参考。

答《图书馆报》记者解慧问

解　慧：您如何看待目前国内儿童文学图书出版的现状？

谭旭东：目前来看，国内儿童文学图书出版很热闹，出现了一批畅销书作家，如沈石溪、伍美珍、杨红樱、曹文轩和黄宇等。还有一批作品比较热销的作家，如庞婕蕾、汤素兰、商晓娜、王勇英、杨筱艳、毛芦芦、李秋沅、谢鑫、墨清清等。另外，儿童文学界在湖南、浙江、江苏、安徽、辽宁和山东等集结了一批比较年轻，但很有市场冲击力的作家，形成了具有地域特色的团队。在新疆、内蒙古也出现了于文胜、刘乃亭、毕然和帕尔哈提等一批边疆儿童文学作家。这两年，随着微博的出现，我和冰波、王一梅等带动了一些儿童文学作家在微博上创作微童话，出现了一个"微童话现象"，也是儿童文学一个新品种。

解　慧：据您了解，我国与发达国家相比，儿童文学出版的主要差距在哪里？

谭旭东：欧美儿童文学的确走在我们前面，无论是童话还是其他儿童文学都出现了经典作品。如 19 世纪，英国就出现了路易斯·卡罗尔的《爱丽丝漫游奇境记》，德国出现了霍夫曼的《胡桃夹子》，意大利出现了

科洛迪的《木偶奇遇记》，美国出现了弗朗西斯·伯内特的《秘密花园》等。我国儿童文学虽然在20世纪之初就出现了叶圣陶的《稻草人》，但真正意义上的现代童话和儿童文学的创作，还是在近一二十年，而且作品的质量整体上还有待提高。虽然我们的评论家或者专家总说国内的儿童文学很繁荣，甚至有人说中国是儿童文学大国，但这只能说是量上的体现，品质超群的作品还是很少。国内儿童文学和欧美儿童文学的最大差异，恐怕还是视角的问题。国内很多作品是伪儿童立场，假装站在孩子的角度，其实内心里和精神世界里，是成年人的思维，成年人的价值观。而且国内儿童文学的语言纯美的少，空洞无物的多，矫揉造作的多，不醇正，不朴素，美感不够。

解　慧：目前，国内儿童文学的创作有哪些特点和问题？

谭旭东：目前国内儿童文学创作主要有三个问题：一是缺乏精品意识。不少作家写作很随意，甚至很粗糙，不追求语言的醇正，甚至只会赶时髦，追求时尚元素，讨好孩子，故意写一些搞笑的、娱乐的东西。二是过度市场化。一些儿童文学作家受到市场的影响，对品质不太重视，只看市场需要。三是儿童文学创作和学校教育脱节，要么过分教育化，要么忽视教育因素。当然，儿童文学创作的急功近利也与出版环境有关。现在童书出版是商业化程度最高的，这一方面推动了创作和出版，另一方面也导致了出版的快速带来的创作的快餐化。

解　慧：您认为要想打造出本土的儿童文学精品应该从哪些方面努力？

谭旭东：就目前来看，国内儿童文学要出精品很难，一是国内500多家出版社大都涉及童书出版,儿童文学作品需求量太大,作家难以耐得住寂寞,而且出版社也更愿意出版畅销书。其实,精品是要时间和耐心的,得慢慢打造。最主要的是,目前的儿童阅读快餐化、时尚化,也没有形成一个读精品、读经典的环境,而精品的打造是需要高雅趣味的读者和追求精品的出版环境的。因此,精品,还需要等待。

解 慧:在儿童文学作者的培养上,您有哪些意见和建议?

谭旭东:儿童文学作者的培养几乎丧失了原来的环境。过去,各级作家协会还会给本地作者提供一些机会和舞台,它们会扶持本地新人。但现在作家协会已经弱化,已经失去了文化领导权,无法引导创作了。另外,作者如果要依赖出版社来培养的话,就意味着出版社要慢慢等待作者并给予资金支持,以保证作者来创作新的作品,就目前来看,这只是设想而已。就我个人来看,儿童文学作者的培养,还是需用政府设立专门的文化基金,然后通过公平的方式来把扶持对象选拔出来,进行资助。

答《天津日报》记者刘颖问

刘 颖:谭老师您好!目前我国儿童文学发展现状如何?

谭旭东:目前来看,我国儿童文学队伍在扩大,老一辈的如葛翠琳、金波、孙幼军和圣野等,都还在写作。年龄在六十岁左右的作家有一大批,如曹文轩、张之路、秦文君、沈石溪、常新港和李维明等,而且产量还比较大,每年都能出版新书。其中,张之路、曹文轩和常新港还偶尔会在《儿童文学》杂志上发表短篇。中青年一代,有伍美珍、郁雨君、薛涛、常星儿、汤素兰、王一梅、黄春华、李秋沅、皮朝晖、邓湘子、谢乐军、王勇英、谢鑫、张菱儿、葛竞、舒辉波、墨清清和胡继风等上百人,

而且目前他们的童书总体来说,销售状况比较好,还有一大批单品种都可以销售到 10 万册以上,且拥有大量小读者。

刘　颖:那么,市场良莠不齐,怎么避免孩子看不良书籍?

谭旭东:在童书市场的确有不少低劣的图书。比如说,2013 年,全国各地就冒出了很多个版本的《十万个为什么》,而且大量的网络游戏故事书和卡通动漫类童书充斥市场。还有一些童书里有大量的打着冒险文学旗号,但里面却散布着惊悚、恐怖和血腥的内容。对这样的劣质童书,我觉得要避免让孩子看到,第一需要出版人要有良心,要讲职业道德,不要出版劣质童书。第二需要童书作家不要唯利是图,不能完全为了市场写作,不能一味追求流行路线,而要讲质量,讲品格,创作纯净的文字,写出优质的童书。第三需要儿童阅读推广人和老师认真辨别童书,不要把劣质童书推荐给孩子们。第四需要家长认真读书,学习童书知识,提高文学素养和阅读素养。这样一来,就可以避免劣质童书走进孩子们中间。

刘　颖:很多大人不知道如何选书,请您说说家长和孩子谁来选书?

谭旭东:亲子阅读的主导者是家长。我觉得幼儿期,家长一定要自己选书。到了小学阶段,孩子识字能力提高,有自主阅读能力后,可以带着孩子一起去书店看书、选书,倾听孩子的一些意见。如果孩子想要什么书,家长就买什么书,这也是不对的。因为孩子们可能会跟风阅读,而且班上流行什么,孩子可能就买什么。家长应该多读书,多了解童书,在自己提高辨别力的基础上,适当地引导孩子的阅读。

刘　颖:那么,应该给孩子看什么样的书,如何了解孩子心理?

谭旭东:我觉得小学低年级时,孩子认字不多,自主阅读能力不强,家长不要一味地要求孩子读长篇童话和儿童小说,可以买一些精美的绘本、小诗、小散文和桥梁书给孩子读。孩子进入小学中高年级,家长可以逐步地加大孩子的阅读量,购买一些童话、诗歌、散文和儿童小说,包括一些长篇的世界儿童文学经典,给孩子读。如果小学阶段让孩子大量阅读卡通漫画和网络游戏故事书,那么,孩子的阅读习惯难以养成,而且以后很难自主阅读经典。

刘　颖:市场化和引导性,怎么取得平衡?

谭旭东:市场性和引导性其实并不矛盾。只是很多出版人把市场看成了第一位,却忽视了引导性才是市场性的保证。如果童书不能引导孩子成长,而成为家庭教育和学校教育的负面因素,那么,童书市场化之路也走不远。人们购买童书,最终还是希望童书不但可以陪伴孩子成长,还可以提升孩子的精神,有助于孩子的成长。

刘　颖:您翻译过不少英语童书。国外儿童文学市场对国内有什么借鉴经验?

谭旭东:国外儿童文学市场没有我国大。欧洲国家的童书出版没有我们想象的那么风光,因为他们的童书首印数都不太高,利润很难在很短时间内大增。但我国童书市场大,家庭阅读和学校阅读需求量很大,所以能够在很短时间之内形成几十万册的畅销效应。"哈利·波特"在欧美是一个特殊的现象,与媒介环境有很大关系。我国童书出版的体制还不太一样,因此要借鉴欧美的童书市场,那就是要注意出版类型化童书。

刘　颖:投孩子所好,还要有教育意义,儿童文学作家是不是应该懂儿童心理儿童教育?

谭旭东：大家都在说，儿童文学要懂儿童心理和儿童教育，这其实是一个伪命题。因为绝大部分儿童文学作家，要么有教师的经历，要么就是因为喜欢孩子才写作。另外，还有一些儿童文学作家经常走进校园，与孩子打交道，他们对校园生活和孩子的活动、游戏和阅读都比较关注。目前，我国童书出版之所以在往上走，也与这一点有关。不过，现在最大的问题，是作家们写得太快了。有的作家一年出版很多书，而且有的作家的童书太追求时尚趣味了，有明显讨好孩子的趋向。

刘　颖：在选书方面，很多家长还是很困惑。不同年龄阶段的孩子如何选书？儿童文学丰富多彩，各种形式都有，哪种形式适合哪个年龄段有没有规律？

谭旭东：从亲子阅读这个角度讲，只要父母会读书，善于做亲子阅读，阅读的阶梯性或者分级阅读的概念就会淡化。比如说，我女儿上幼儿园时，我就给她读《安徒生童话》和《爱的教育》，她也很喜欢。但对父母缺乏亲子阅读素养和技巧的孩子来说，年龄小一些时，就要读文字比较好也比较简单的童书。

刘　颖：影响儿童阅读的因素有哪些？

谭旭东：影响儿童阅读的因素主要有四个：一是社会环境。现在，流行文化和电子媒介对孩子的阅读影响很大，不少孩子迷恋网络游戏，不但影响学习，而且损伤视力。二是家庭环境。不少家庭基本上没有书，父母也不给孩子买书，或者不会给孩子选好书。三是社区与村落环境。现在城市里很多社区，没有绿地，也没有阅读环境。乡村里，更是没有阅读条件。四是学校环境。不少学校里不重视阅读，没有图书馆，也没有像样的童书。一些老师缺乏对阅读的基本认识。希望社会各界齐心协力，一起来抓儿童阅读，给孩子们创造一个良好的阅读环境，让他们尽早体验读书之乐。

刘　颖：我知道你走进了很多中小学校，做阅读讲座，做语文讲座。你是如何推广儿童阅读的？

谭旭东：我做儿童阅读推广，和一般人不太一样。我几乎不参加商业性阅读推广。比如说，我很少进校园做签售。另外，我也很少参加新书发布会，尤其是不写商业性书评。我是这样来参与改善和推进儿童阅读的。第一，我自己研究儿童阅读，写了《享受亲子阅读的快乐》和《让书香润泽童心》这两本书，既介绍自己的亲子阅读经验，也指导家长来做亲子阅读，指导老师来做校园阅读活动。现在，儿童阅读急需有效的有针对性的指导。第二，我经常应邀到中小学校和图书馆做亲子阅读讲座，讲如何营造家庭阅读环境，还给老师和校长们讲如何建设校园阅读文化。儿童阅读首先要改变家长和老师的观念，让他们重视起来，并且找到方法。第三，我会经常做一些公益讲座，给小学的学生讲阅读与成长，讲文学阅读。第四，我自己也参与主编和策划一些优质的童书。

刘　颖：推广儿童阅读对孩子有什么好处？

谭旭东：儿童阅读的价值和意义，几乎可以写一本书。不过，简单来说，儿童阅读第一是扩张语文学习。现在语文教材里的课文问题很多，无法满足孩子们对文字世界领悟的需要，而且语文教科书本来就不是以培养阅读趣味为目的的。其次，阅读扩大视野。课外阅读不只是学知识，更主要的是培养审美能力，提升人格，让孩子相信文字世界的力量。再者，我

们所有的学校课程都是以书籍为蓝本的，孩子们不爱读书，不亲近阅读，那么，学校教育就难以起作用。当然，童年的阅读本身就是文明社会给孩子的一种快乐。阅读的快乐，是童年难以忘记的回忆。

就暑假阅读答"未来网"殷维维问

殷维维：暑假期间，孩子该看什么书？可以看什么书？

谭旭东：暑假来了，很多家长很关心孩子的课外阅读，想利用暑假让孩子多读读书。有些老师在布置暑假作业时，也建议孩子们多读书。但暑假读什么书，孩子可以看什么书，得根据具体情况而定。首先，家长要依据自己的孩子的识字能力、阅读能力和学习状况来安排孩子的阅读。如果孩子是小学中低年级学生，就不要过分强调给孩子读长篇名著，应该选择一些优质的桥梁书、绘本、儿童诗、短童话等给孩子读，千万不要动不动就给孩子读"四大名著"。另外，小学中低年级的孩子，识字不太多，文字理解能力有待提高，家长还要给孩子读书，不能忽视家庭亲子阅读。有些家长很懒惰，买了一堆书给孩子，也不管他能否自我吸收、自我理解，就逼着孩子自己读，这是不对的。当孩子识字不多时，家长应该多给孩子读书。对小学中高年级的孩子，家长要鼓励孩子自己读书，包括读一些好的杂志。现在，很多家长买的书太厚，而且动不动就是"国学""传统文化"，不讲图书的趣味性。其实，中高年级小学生最爱读的书，还是童话、儿童小说、幻想小说、冒险小说和一些科学图书。世界经典儿童文学名著，大部分篇幅不太长，对语文能力比较强的孩子，可以优先选择。值得提醒的是，有些家长看到市场上流行什么，就给孩子买什么，这样的话，孩子很容易跟着流行趣味走。读流行童书，时间长了，他读的书就是赶时髦，很难有自己的兴趣。

殷维维：现在，我们看到的是，在很多家庭，一方面是家长掏钱热情地买书，一方面是孩子无奈地被动接受。而且很多家庭，孩子看书还要兼顾"补习"的功能，家长如何平衡，如何引导？

谭旭东：这个问题问得非常好。很多家长买书，是在不了解孩子的读书和学习状况的情况下，一厢情愿地购买。一些家长自认为哪些书很重要很好，就买一堆给孩子。我在外面做讲座，有一位家长就说她认为"学知识"最重要，所以她买了很多科普读物、科幻故事和游戏益智类图书给孩子，希望孩子读完书，就学到很多知识。这种愿望是好的，但却很功利。因为家长是把学知识当成了读书的第一也是唯一的目标。其实，读书，首先是享受文字的快乐，是学会体验美感，找到故事的乐趣和修辞的力量，然后再自然地生成了知识，丰富了头脑，拓宽了视野。如果太功利，让孩子读书背上过重的学习负担，那么，孩子就不可能热爱读书，甚至可能抵触家长购买的书。在我们周围，很多家长把课外读书和课堂学习看成一回事，而且希望读书就是为了考试，这是对读书的一个误解。真正的阅读，是在自然的、轻松的、快乐的心灵状态下，对文字世界的感悟和理解，是文字殿堂里的精神的遨游。因此，真正的阅读，是无功利的，是心灵的自然舒展，是精神的自然飞翔，是想象力的自然张扬。如果家长把课外阅读当作"补习"，那么，暑假的阅读对孩子就是一个学习负担，暑假也就变成了"第三学期"。

殷维维：另外，一到暑假，家长就忙着给孩子买书，可是有的家长反映，越买书，孩子越抵触，明明是想让他多看书，最后反倒成了压力。暑假阅读的关键是什么?

谭旭东: 很显然,这是家长买书,孩子不买账。为什么呢?第一,家长买的书,孩子不喜欢。第二,家长买书给孩子读,一定有附加条件。比如,有的家长,每买一本书给孩子,就要孩子读完后,写个读后感。孩子还没读,就感到了压力。我很反对中国的一些家长,一带孩子出去旅游,回到家里,就要孩子写游记;一给孩子买本书,就要孩子读后写篇作文。暑假是孩子暂时脱离学校教育的一个精神放松和调整期,应该给孩子更多的自由度,更多的活动空间。要倾听孩子,允许孩子有自己的想法。在阅读方面,家长不妨听听孩子的意见,看看他想读什么书,愿意看什么书,了解他们的阅读趣味,再决定买什么。购买童书时,要尽量考虑孩子的兴趣,在考虑他们的兴趣的基础之上,适当地拓宽孩子的阅读面,引导孩子多读好书。比如,男孩子喜欢冒险小说,就挑选一两套质量较好的给他读,当然,也可以买一些儿童小说和幻想文学给他读,不断延伸他的阅读空间。女孩子喜欢读温情童话,就挑选一两套质量好的童话给她读,然后再买一些经典的童诗、散文和儿童小说给她读。如果家长买书时考虑了孩子的兴趣,孩子会觉得家长是尊重他的,是真正对他有理解有爱的,孩子会认可家长买的书,并理解家长的苦心。

殷维维: 如何才能利用暑假培养孩子的阅读兴趣?

谭旭东: 说实在话,孩子阅读兴趣的培养,需要家长一年四季都很用心。家庭阅读氛围的营造很重要。如果家里人不爱读书,家里连个像样的书架都没有,而且家长总是埋怨书太贵,每次孩子想买本书读读,家长就舍不得,那么,孩子肯定不太爱读书。当孩子的阅读兴趣和好奇心刚刚形成的时候，家长就保护好，千万不要把它们给掐灭了。如果家长很注意营造家庭阅读氛围，也舍得给孩子买书，愿意和孩子一起读书，那么，孩子的阅读兴趣是很容易激发和养成的。暑假比较长，家长和孩子有比较多的时间一起相处，一起交流，家长应该抓住这段时间，给孩子多买好书，买一些孩子爱读的书，多做亲子阅读，多和孩子交流读书体会，让孩子感觉到家长爱读书，也愿意分享孩子的阅读乐趣，那么，孩子的阅读兴趣一定能够尽快养成。

答《新华书目报》记者孟凡问

孟　凡：当前，少儿书市场繁荣，图书数量多、品种丰富，但极少数少儿出版物质量低劣，不仅影响少年儿童正常获取知识，而且损害了少年儿童的文化权益。您对这种现象怎么看？

谭旭东：这几年，随着少儿图书出版变热，出版少儿图书的出版社和文化公司多了，劣质图书也开始多起来。这种现象几年前我就在一些文章里提到过，造成劣质少儿图书出版的主要原因有两个方面：一是一些出版社卖书号给文化公司，却没有对书稿质量把关；二是少数出版社和文化公司把商业利益放在第一位，对出版物的文化价值缺乏足够的认识，因此不注重产品质量，导致劣质少儿图书面世。此外，新闻出版主管部门也应该加大监管力度，对少儿出版行为进行规范。特别是在少儿图书市场越来越火爆的情况下，众多出版社都出版少儿图书，每年大量少儿图书进入书店，更应该加强管理，加强监督。

孟　凡：现在，全国大多数出版社都对少儿出版领域有所涉足，这也给大家造成了"少儿图书出版门槛低"的印象。少儿图书出版真的这么容易吗？

谭旭东： 有这种感觉。过去，少儿图书出版主要是 30 多家专业少儿社的事，但现在，全国 500 多家出版社大都出版少儿图书，以至于专业少儿出版社认为少儿出版已经进入了"与狼共舞"的时代，而且少儿出版出现了"狼烟四起"的局面。这么多出版社，还有很多民营文化公司也纷纷做少儿书，一是看到它有市场，而且赢利空间大，二是觉得少儿书好做，容易做。于是，很多品质不够好，甚至低劣的少儿图书也流通到了市场，也给很多读者造成了一个"少儿图书进入门槛低"的一个错觉。事实上，少儿图书出版是一件很不容易的事。第一，做少儿图书需要有强烈的社会责任感，因为少儿图书的读者是孩子，图书的品质一定要高，不然的话，就会对孩子的成长造成负面影响。第二，少儿图书看起来简单，尤其是幼儿图书，好像不要多少文字，把图做得花哨就行，事实上，给孩子的图书，语言更要简练，更要优美，更要符合孩子的趣味和审美，更要具有精神提升性和审美感召力。那种认为少儿图书很容易做的观点，其实是不了解孩子，也不懂得做少儿图书的门道和艺术。

孟　凡： 您认为少儿图书出版是否应设门槛？对此，有哪些建议？

谭旭东： 我个人觉得少儿出版是应该有门槛的，而且要设很高的门槛。现在，给幼儿的图书都出现了网络游戏故事书，这是很可怕的。我认为这是很不负责任的。少儿图书的门槛，其实就是它的质量标准。当然，要保证少儿图书出版的质量，就要设准入制，不能任何一家出版社都可以做少儿图书。比如说，对专业少儿出版进行质量评估，然后拿出一个标准来，如果别的出版社想做少儿图书，就要按照专业少儿出版社这个标准来要求，来衡量。

附录　就儿童文学、亲子阅读答记者问

孟　凡：优秀少儿图书的标准是什么？

谭旭东：我个人觉得优秀少儿图书要达到四个方面的标准：第一，印刷要精美，开本和插画设计要适合孩子。第二，文字要精练，或朴素，或优美，要符合不同年龄孩子阅读心理，而且内容健康。第三，定价适中，不要过于豪华。第四，图书的宣传和营销不要过度，过度宣传也是一种欺骗读者的行为。

孟　凡：在您看来，家长应如何给孩子挑选图书？

谭旭东：这是一个很专业的问题，也是很普遍的阅读问题。现在很多家长不知道如何给孩子挑选和购买图书。我到很多地方讲座，总有家长希望我开一个书单，那样他们就省事了。其实，家长要学会选书，第一步就是要逛书店，认真坐下来读几本书。买几本书读一读，就知道其中哪一本最好，哪一本最可能适合孩子阅读。所以家长要积累阅读经验，才可能有图书的辨别力。另外，阅读体验是别人无法替代的，如果你过分依赖别人，相信别人的判断，可能就失去了阅读的快乐，而且也失去了一次和孩子共享优美文字的机会。家长不仅仅要会挑书，还要会读书，才可能做孩子阅读的引路人。因此，无论什么样的方法，都比不过家长亲自选书、读书。不过，对文化程度不高的家长来说，到书店里选书，先要看看图书的品相，看看它是否印刷比较精美，版面设计是否清新活泼。其次，要看看图书的出版社。一般正规的出版社出版的少儿图书，用纸都不会太差，而且编著者都是名家，不会是连编著者身份都含糊的。一些动不动就在封面上写上"必读"字样的图书，也是不值得信任的。现在，各地出现了很多商业阅读推广机构和推广人，他们喜欢给读者开书单，如果家长自己不读书，也很容易被忽悠。希望家长相信自己的阅读智慧。

答中央人民广播电台主持人李佳问

李　佳：影响你一生的一本书是什么？

谭旭东：现在我已经四十多岁了，不能说一生。但之前，我最喜欢的书有好几本：一是泰戈尔的《新月集》和《飞鸟集》；二是惠特曼的《草叶集》；三是威廉·布莱克的《天真与经验之歌》。它们都是诗集。我觉得诗是最好的营养，我甚至觉得一个人不多读诗，尤其是最初的阅读不是诗，那他一定有语言的缺憾，有阅读的缺憾。

李　佳：你对全民阅读有什么看法？你正在做那些阅读推广活动？

谭旭东：提倡全民阅读是一件好事。但全民阅读不应该由民间来倡导，应该是政府行为。如果政府不重视，不立法来支持，那么全民阅读不但不可能，而且可能走偏。现在很多人、很多单位做阅读推广，其实都是商业阅读推广，打的是全民阅读的牌子和旗号，但干的是挣钱的活，并没有真正站在孩子成长的需要来推荐好书。因此值得忧虑！

这几年，我也在做儿童阅读推广，主要做了几件事：第一，给一些社区、学校做公益阅读讲座，尤其是到一些学校给学生家长讲亲子阅读。效果很好，很受家长和老师的欢迎。第二，我在指导一些学校做阅读文化传播，还主持了中国儿童阅读提升计划，号召一些中小学校开阅读课，打造阅读校园。目前来看，效果也很好，受到了十多个地区上百家小学的欢迎。第三，我自己也编了不少优质童书，为童书市场增添了正能量。第四，我写了几本指导阅读的书，如《享受亲子阅读的快乐：1~6岁儿童阅读全方略》《让书香润泽童心：6~12岁孩子爱上阅读全攻略》等，一经上市，就受到好评。这是指导小学生阅读的书，值得家长和老师收藏和阅读。第五，我也写了不少呼唤改善阅读环境，指导亲子阅读的文章。

李　佳：请您为读者和听众推荐一本书！

谭旭东：我向听众推荐我写的《谭旭东微童话》吧。这本书2013年在当当网中国儿童文学类图书热销榜上排名第六呢，很受读者喜爱。它是我在微博上创作的小童话的结集，很适合亲子阅读。当然，小学生读了，就会写小故事，写小童话。不信，你们试一试！

李　佳：请你为读者说一句话！和读书有关的一句话。

谭旭东：童年的阅读奠定一生。与好书为伴，是一生的幸运！

李　佳：请你给听众介绍一下儿童读物的状况。可喜的，令人担忧的，是哪些？你认为应该如何？

谭旭东：现在儿童读物出版情况比较好，很多出版社在出版童书，可以说，童书产业目前是最有市场的。但童书出版也出现了不少问题。如，原创儿童文学不能满足儿童阅读和童书出版的需要，所以出现了名家争夺战，很多名家的作品被重复出版，造成了资源的浪费。如，外国引进版童书太多了，不利于本土文化的传播，也对原创出版形成了挤压。再者，很多经典也被篡改，被粗糙地利用，也是值得注意的。

儿童读物是孩子的精神营养，应该严格监管，保证质量。第一不要重复出版，第二不要出粗制滥造的书，第三童书推广要公益化，不要过于商业化。

李　佳：谭老师，您能给听众准备一个他们喜欢的绘本的吗？

谭旭东：我给听众准备了我写的绘本《森林里的路灯》，它是张怀存主编的"爱的烘焙屋"系列绘本之一。绘本是很适合亲子阅读的，当然，小学低年级的孩子也可以读一些绘本。我来给听众读一读吧。

附录　谭旭东专心为孩子们写的童书

谭旭东专心为孩子们写了很多书，还为孩子们主编、翻译了一些绘本、童诗、童话、幻想小说和寓言。这里列出四十五本，它们都适合家庭亲子阅读，也适合小学生自主阅读，希望得到读者们喜爱。

1. 《夏天的水果梦》（童诗集），重庆出版社；
2. 《跳格格的日子》（童诗集），新世纪出版社；
3. 《你带着一朵花儿来了》（童诗集），明天出版社；
4. 《太阳的味道》（散文集），新疆美术摄影出版社；
5. 《有书的日子真好》（散文集），黑龙江少儿出版社；
6. 《最初的脚步》（散文集），万卷出版公司；
7. 《蜗牛的房子》（童话集），河北少儿出版社；
8. 《一颗甜甜的巧克力》（童话集），中国福利会出版社；
9. 《森林里的路灯》（童话集），中国轻工业出版社；
10. 《七星瓢虫的歌》（童话集），中国轻工业出版社；
11. 《图画书里的小麻雀》（童话集），中国轻工业出版社；
12. 《一只蜜蜂的想法》（童话集），中国轻工业出版社；
13. 《鹅太太的烦恼》（童话集），电子工业出版社；
14. 《淘气包小黑熊》（童话集），电子工业出版社；
15. 《爱做梦的兔子》（童话集），电子工业出版社；
16. 《梅花鹿的笛声》（童话集），电子工业出版社；
17. 《小兔子的生肖》（童话集），中国轻工业出版社；

18. 《哼哼猪和月亮河》（童话集），中国轻工业出版社；

19. 《小甲虫的旅行》（童话集），中国轻工业出版社；

20. 《棕熊盖房子》（童话集），中国轻工业出版社；

21. 《爱心野菊》（童话集），同心出版社；

22. 《雪天的问候》（童话集），同心出版社；

23. 《小猪的豌豆花》（童话集），同心出版社；

24. 《红嘴鸟缝衣店》（童话集），同心出版社；

25. 《爱耍嘴皮子的黑熊》（童话集），黑龙江少儿出版社；

26. 《谭旭东微童话》（童话集），未来出版社；

27. 《小精灵探核记》（长篇童话），金盾出版社；

28. 《签字笔的烦恼》（寓言集），延边大学出版社；

29. 《这班男生有些萌》（儿童小说），黑龙江少儿出版社；

30. 《这个班级糗事多》（儿童小说），黑龙江少儿出版社；

31. 《猪太太的糖果店》（童话集），黑龙江少儿出版社；

32. 《鹅妈妈的华尔兹》（童话集），黑龙江少儿出版社；

33. 《小熊的星河湾》（童话集），黑龙江少儿出版社；

34. 《小河马的童话屋》（童话集），黑龙江少儿出版社；

35. 《森林里的调皮猴》（童诗、散文和童话集），清华大学出版社；

36. 《雪后的小鸟》（童诗、散文和童话集），清华大学出版社；

37. 《狐狸皮卡卡盖楼》（童诗、散文和童话集），清华大学出版社；

38. 《给春天开门》（童诗、散文和童话集），清华大学出版社；

39. 《小熊的小树叶童话》（童话集），现代出版社；

40. 《童年的月光光》（散文集），贵州人民出版社；

41. 《我的书生活》（散文集），安徽教育出版社；

42. 《风儿是个淘气包》（童诗集），贵州人民出版社；

43. 《飞翔的小仙子》（童话集），贵州人民出版社；

44. 《狐狸爱吹牛》（童话集），贵州人民出版社；

45. 《森林里的路灯》（绘本），广东教育出版社。

图书在版编目（CIP）数据

做智慧父亲/谭旭东著.—济南:山东文艺出版社,2015.9
ISBN 978-7-5329-5086-7

Ⅰ.①做… Ⅱ.①谭… Ⅲ.①儿童教育—家庭教育
Ⅳ.①G78

中国版本图书馆 CIP 数据核字（2015）第 191155 号

做智慧父亲

谭旭东 著

主管部门	山东出版传媒股份有限公司
出版发行	山东文艺出版社
社　　址	山东省济南市英雄山路 189 号
邮　　编	250002
网　　址	www.sdwypress.com
读者服务	0531-82098776（总编室）
	0531-82098775（发行部）
电子邮箱	sdwy@sdpress.com.cn
印　　刷	山东德州新华印务有限责任公司
开　　本	710 毫米×1000 毫米　1/16
印　　张	17
字　　数	160 千字
版　　次	2015 年 9 月第 1 版
印　　次	2015 年 9 月第 1 次印刷
书　　号	ISBN 978-7-5329-5086-7
定　　价	32.00 元

版权专有，侵权必究。如有图书质量问题，请与出版社联系调换。